股市之神

漫畫
COMICS

是川銀藏

Korekawa Ginzo

從70日圓到200億資產，日本最後的交易大師

是川銀藏——原著
伊東誠——漫畫

誠與愛
是我人生的理想

我以「誠與愛」作為自己的處世座右銘，從年輕直到現在。我的工作是投資股票，在買賣股票中度過

目次

我的大半人生。以做股票賺來的錢，幫助那些不幸的孤兒，是我生存的意義。

在六十多年的投資生涯裡，我遇見很多人，其中最討厭的就是沒有正義感的人。我最討厭那些為了賺錢而不惜坑害他人的作手。投資股票一定要堂堂正正，問心無愧。為了自己的利益而不惜坑害大眾的作手，最後必然不得善終。

——是川銀藏

曾經有好幾個出版社
找我寫自傳……
我一直不肯答應……
因為我怕自傳
公諸於世後，
會讓很多人以為
股市錢很好賺！
一九九一年
是川銀藏　九十四歲

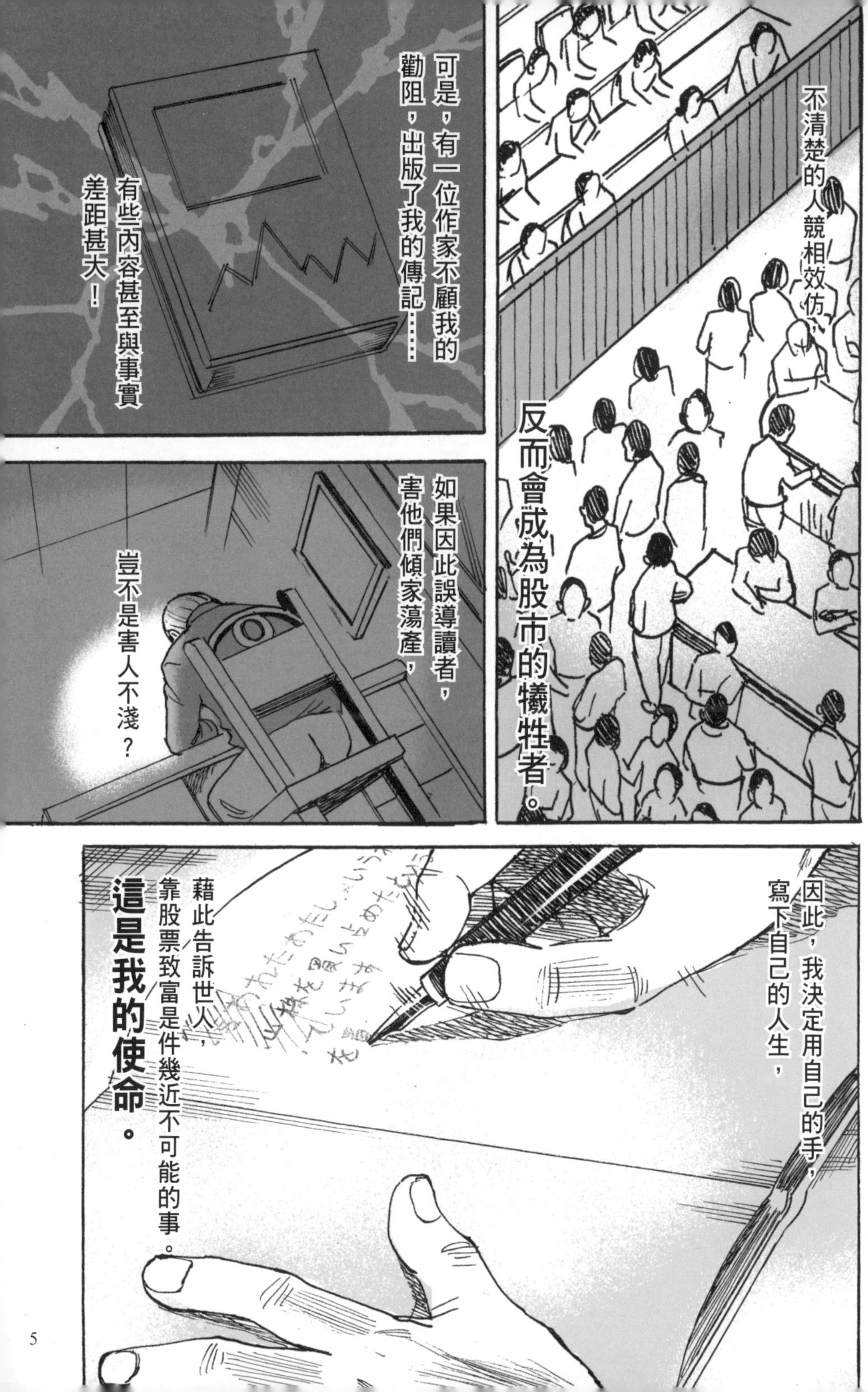
不清楚的人競相效仿、
反而會成為股市的犧牲者。
可是，有一位作家不顧我的勸阻，出版了我的傳記……
有些內容甚至與事實差距甚大！
如果因此誤導讀者，害他們傾家蕩產，
豈不是害人不淺？
因此，我決定用自己的手，寫下自己的人生，
藉此告訴世人，靠股票致富是件幾近不可能的事。
這是我的使命。

一般人或許以為
我是靠買賣股票而成為鉅富。
可是，
事實上我現在一無所有，
沒有累積任何的財產。
我小學畢業後，
便到神戶的一家貿易商當學徒。
那家貿易商破產後，
我就決定要去倫敦念書。
不巧，碰到第一次世界大戰爆發。
於是我改變主意，跟在日本軍後頭到青島，

成為青島守備軍司令部的御用商人。
周遭的人誇讚我是青年實業家，我也洋洋自得……
不料，後來捐助孫文的革命軍三萬圓，隨著革命軍慘敗，我也因此破產。
還一度想要輕生了事……
一九三一年，我拿妻子幫我籌措的七十圓投入股市，獲得百倍利潤。
往後的股票投資一帆風順。是川銀藏之名因而響徹股市。

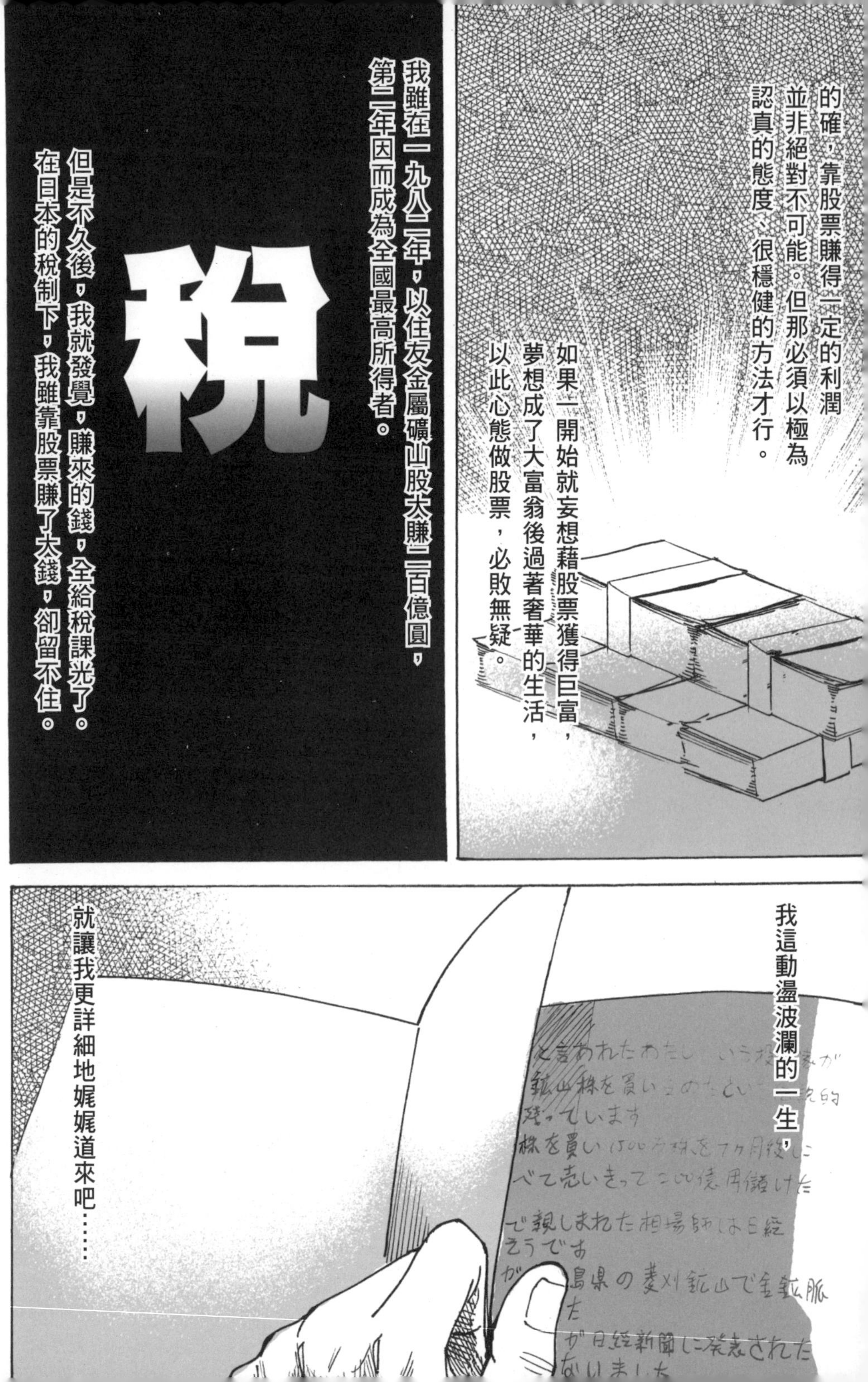
的確，靠股票賺得一定的利潤並非絕對不可能。但那必須以極為認真的態度、很穩健的方法才行。
如果一開始就妄想藉股票獲得巨富，夢想成了大富翁後過著奢華的生活，以此心態做股票，必敗無疑。
我雖在一九八二年，以住友金屬礦山股大賺二百億圓，第二年因而成為全國最高所得者。
稅
但是不久後，我就發覺，賺來的錢，全給稅課光了。在日本的稅制下，我雖靠股票賺了大錢，卻留不住。
我這動盪波瀾的一生，
就讓我更詳細地娓娓道來吧……

第一章

少年實業家

聰明才智要用於正途，

不以不當方式賺錢，

要走正道！

一九一一年，神戶——
當時是川銀藏小學剛畢業。
十四歲的他畢業後，就到神戶一家貿易商「好本商會」當學徒。
好本商會
商會主要是以英國為對象輸入毛織物，輸出日本的手工藝品。
是川每天六點起床，掃地、灑水、送貨……
從早忙到晚。
閱讀《朝日新聞》的連載小說《豐臣秀吉》是他工作後唯一的享受。
豐臣秀吉出身貧農之家，最後卻統一天下。

征服天下
有朝一日，我一定也要像他那樣！
周遭的人也許視為誇大妄想。可是，是川真的經常思考著如何「征服天下」。
因此他拼命吸收知識，從珠算、簿記、會計，到社會、經濟，每天用功到深夜。
一九一四年春
咚！
還錢來！
好本商會因負債過多而破產。
請……請再寬限幾天……
寬限你幾天？那誰來寬限我們啊！
去把值錢的東西當一當，我明天再來收！
這……
這次的破產給了是川很深的感觸。

再怎麼拼命工作，如果是被人雇用……
公司只要一倒閉，我就失業了。
要征服天下，一定要出去闖一闖。
我就到歐洲去試試看好了！
出發吧！
一九二四年六月，是川銀藏十六歲……

小西保夫是好本商會倫敦分店長。
年輕時趁工作之便偷渡到倫敦，之後便在當地半工半讀。
深受其影響的是川，於是搭船來到了滿州的大連。
打算由大連搭火車經西伯利亞到達歐洲。
只剩五圓兩角七錢了……
接下來到倫敦的旅費該怎麼辦呢？
哎呀，這不是小山兄嗎！
井上商店
井上先生，你這邊有缺人手嗎？
怎麼了嗎？我可以馬上幫你安排工作啊。

注：是川銀藏於一九一八入贅前的原名是小山銀藏。

井上先生是好本商會的大客戶，從以前就很照顧是川。
留下來當我的養子嘛。
謝謝你的好意，不過我還是想去倫敦。
於是，是川就在此一邊工作一邊籌旅費。
然而，事與願違，第一次世界大戰爆發。歐洲及俄國都捲入戰火。
是川的倫敦之旅當然被迫中斷。
終於連這邊也派兵了。
看這個樣子，應該是要去打山東半島的德軍吧。

……
萬歲！萬歲！
要打贏回來喔！
什……什麼！
要去戰場和軍隊做生意？你在說什麼傻話啊！
我知道不容易！
更何況你還是個小孩子，有誰會理你！
但不試試看又怎麼知道呢？
我已經下定決心了！
就這樣，帶著井上先生給的十圓薪資。
是川尾隨在日軍之後，渡海前往山東半島。
咔！咔！咔！

山東半島，龍口——
什麼都行，有生意可以讓我做嗎？
有什麼生意可以讓我做嗎？
有沒有搞錯！這裡是戰場耶，你一個小毛頭在這邊做什麼！
小鬼你不要在這邊閒逛！趕快回內地（日本）去！
裝備保養呢？
第一小隊負責！
是川無計可施，而日子一天天過去。
不久後，日軍拔營出發。

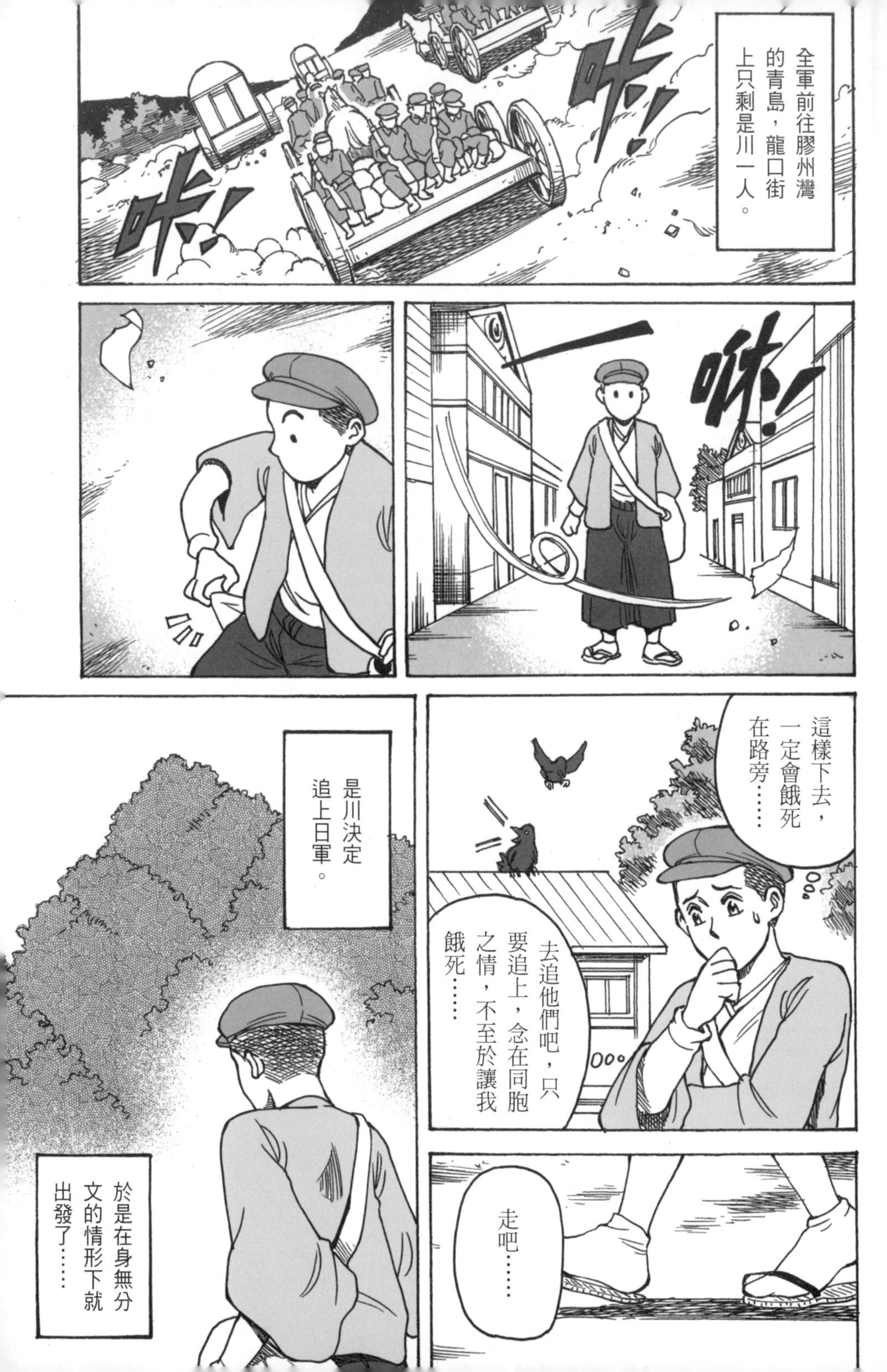
全軍前往膠州灣的青島，龍口街上只剩是川一人。
咔！
咔！
咻！
這樣下去，一定會餓死在路旁……
去追他們吧，只要追上，念在同胞之情，不至於讓我餓死……
是川決定追上日軍。
走吧……
於是在身無分文的情形下就出發了……

龍口到青島有
二五〇公里。
沿途都是在
山中行走。
一路上幾乎
找不到村落。
沿途中最可
怕的是——
山裡的野狗！
呼……
呼……
這些傢伙簡
直跟狼沒什
麼兩樣，
無時無刻想找
機會襲擊我！
這樣下去遲早
會被這些野狗
咬死的……

於是，是川想出了一個方法……
他找了一條長約十五公尺的繩子。
一頭綁在石頭上，一頭握在手中。
咔！咔！
然後拖著石頭走。
野狗的注意力便集中到咯答咯答響的石頭。
這樣，牠們只會攻擊石頭，而不會攻擊人。
夜晚，他便爬到樹上或鑽到洞穴裡睡覺。
餓了，就偷摘中國人種植的瓜果蔬菜來充飢。卻因沒有清洗，只在衣服上隨意擦兩下便吃下肚，因而連續腹瀉數天。
咔！咔！
喘～
是川的身體，一天比一天衰弱。

得……
得救了！
醒來時，是川已經躺在醫務室的床上。

身體狀況恢復之後，是川就被帶到憲兵隊，接受嚴厲的盤問。
像你這種人，在中國大陸四處流浪，最後一定會變成強盜！
兵
日本的軍艦下次來的時候，就把你送回內地。在那之前，你就暫時到廚房幫忙吧！
終於在軍中找到工作了。
這樣一來三餐也有著落。
可是軍艦一來，我就會被送回日本。歷盡千辛萬苦才到這兒，
就這樣回去，豈不空忙一場？一定要想個辦法留下才行！
噹！

每晚熄燈之後，只有那一棟房子還燈火通明。
到底是做什麼的地方呢？
那邊的傳票整理好沒？
還在處理中……
快點！明天早上長官要檢查啊！
嗚……好難。
那邊的帳簿寫好沒？
怎麼這麼複雜……
再……再等我一下。
……

各位長官辛苦了。
每天工作到這麼晚，
喝點咖啡吧！
各位長官好像不善於打算盤，讓我試著幫忙好嗎？
咦？那……那麼你試試吧。
哇……
好厲害！
咔！
咔！
咔！
你算盤打得很好嘛！
明天起，你不用再去廚房幹活兒，來這兒工作就行了。
啊！是，謝謝長官！

原先是川在廚房打雜是沒有薪水的，現在被主計室聘用後，月薪一圓。
頗得大家歡心的是川，見時機已經成熟……
報告長官！我……
過去主計室花一天整理的帳簿與傳票，是川半天就能解決了。
對了，軍艦來了，你就要被遣返回內地了，是吧。
不用擔心，這件事我會幫你處理。
謝謝長官！
不久之後，是川被通知可以留下來了。
主計室的工作只須半天就結束了。
是川開始思索，如何利用剩餘的時間做生意。
採購業務？

我們的軍隊每天都向中國人採購魚、肉、蔬菜。
可不可以把一部分的採購業務讓我做，我採購的話，會更便宜。
那麼有自信的話，就做做看吧。
借到了三百圓。
這樣應該可以買到不少東西吧。
由於中文講得太差，是川又只是個十六歲的少年。
結果根本沒有人願意理他。

謝啦！小山。
GOLDENBAT
各位長官，其實我是有些事情想請各位幫忙……
什麼事，你儘管說吧。
咻！
咻！咻！
鬼子來了！
快跑啊！
先來這一戶看看……

……
裡面是雞蛋，要小心拿啊。
這一袋是青菜。
格老子的！竟然來搶我們的東西。
爹爹！快來看啊！
死鬼子！生兒子沒屁眼。

嘩！
那個……
桌子上……
……
是川在桌上放錢的事，
開始在中國人中，一傳十、十傳百。
之後，是川也不再需要軍人陪著去採購。
因為他已經獲得中國人的信任了。

時間一天天過去，是川的生意也越做越大。
除了替日軍採購糧食外，
還替前線部隊搬運各種軍需物資。
在是川的指揮之下，運輸用的馬車高達一百多輛。
一九一四年十一月七日
日軍成功地占領了德國的租借地——青島。

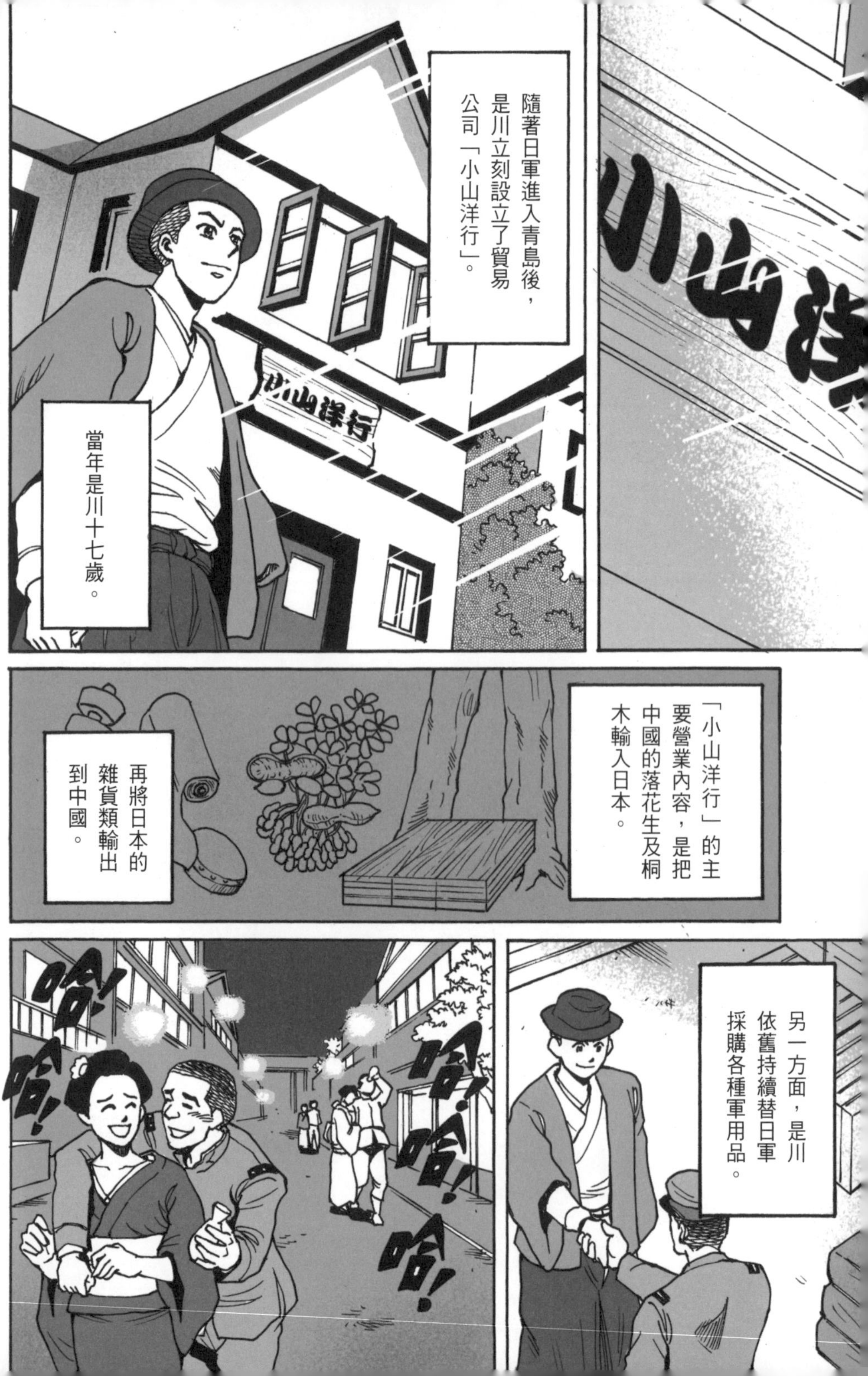
隨著日軍進入青島後，是川立刻設立了貿易公司「小山洋行」。
小山洋行
當年是川十七歲。
「小山洋行」的主要營業內容，是把中國的落花生及桐木輸入日本。
再將日本的雜貨類輸出到中國。
另一方面，是川依舊持續替日軍採購各種軍用品。
哈！哈！
哈！哈！
哈！

跳的好！
各個都是婀娜多姿！
美不勝收啊！
日軍占領青島後，很多軍人因為從緊張的戰爭生活中解脫，
便每天耽於逸樂。
不久，青島街上就充斥著來自日本的藝妓……
以及日本料理店。
池田屋
是川因為做軍方生意之故，每晚都在高級料亭，
召來藝妓，宴請將校軍官們。
跳的太棒了！
全部都打賞！
謝謝各位大爺！

哇哈哈！真是太愉快了。小山啊，安排得不錯喔！
嘩！
長官能開心那才是最重要的。
嗯，那麼……
平常的那個東西呢？
早就準備好了……
哈哈哈！
小山，合作愉快啊！
長官，以後敝社還要請您多多關照啊。
咻！
就這樣運用各種手段，小山洋行日漸成長壯大。

卻也引起了同行的忌妒……
開門！快點開門啊！
這麼早，是誰啊？別再敲啦！
開門！

你是小山銀藏吧？
現在要拘捕你！
罪名是涉嫌
賄賂軍官！
快跟我們走！
後來……
你就把賄款藏
在盒子裡？
每次都是在飯
局後交易的？
那個軍官的名
字叫什麼？

……
咦？什麼！
你……你再說一次，那個軍官的名字是什麼？
就是那位……
結果，憲兵隊以證據不足將是川釋放了。
憲兵們發現他是個燙手山芋。
也想不到居然會連帶牽扯到這麼高的層級。
更令他們驚訝的是——
是川竟然還未成年！

小山，我們調查了你的過去。
知道你是個有才幹又肯努力的人。
兵
兵
既然如此，就應該把你的聰明才智用在正途才是，決不可以走旁門左道。
記住，以後不要再以不正當的方式賺錢，要走正道！
謝謝你們……
岡村中尉的教誨，深深地烙印在是川的心裡。

以後絕不再以
旁門左道的方式賺錢
這家店就交給你了。
老闆，你真的要走了嗎？
嗯！
為了——重新出發！
是川把「小山洋行」以及所有的存款都留給掌櫃。
三天後，搭船回日本。
嗚

第二章

一厘錢風雲

人生就像股市行情，

高山之後必有深谷。

是川回到了日本後，過了半年。
呼啊啊——
回來這麼久了，都找不到什麼像樣的工作。
感覺在這裡沒啥前途發展啊……
青島那邊的生活精采多了！
乾脆再去那裡試試機會吧！
於是，是川再度踏上了中國之旅。

離開後已經過了好幾個月。
先去附近打聽一下這邊情況吧。
小山，好久不見了啊！
田中，魚的生意怎麼樣啊？
小山，你從日本回來了啊？
長谷川，最近衣服賣得還好吧？
馬馬虎虎啦！
這附近還是很熱鬧啊。
……結果他真的帶我去地下室拿呢！
哈哈！
這太誇張了吧，有這麼多啊。
篠木，什麼事情這麼有趣！
這不是小山兄嘛，你回來了啊！
我在說上次跟中國人交易一厘錢的事。
一厘錢？

你知道目前中國的主要通貨是一厘錢吧？
嗯……
由於每年鑄造，因此發行餘額年年增加。
而奇怪的是……沒有人願意把錢存在銀行。
而是藏在家——
藏在家？為什麼？
因為現在袁世凱與孫文正在爭奪政權，時局非常不穩。
所以大家寧願把錢放在家裡，也比較放心。
有些大戶人家的地下室，一厘錢堆得像山一樣高呢。
我看到時都傻眼了。
哈！哈！
……
就是這個了！

現在第一次世界大戰正打的火熱，戰事方酣，
非鐵金屬因供不應求，價格不斷暴漲。
而一厘錢是鋅、鉛與銅的合金。
那麼一來……
先去找幾位認識的中國人聊聊吧。
嘩！
當時日本人使用的一圓銀幣與一厘錢的交換率是一比一千──
但如果把一千枚一厘錢的硬幣熔解，做成金屬塊，則可賣兩圓到兩圓五角的銀幣。
請盡量蒐集一厘錢。
我的一圓銀幣是換九百枚一厘錢，剩下的百枚給你們當報酬。
那一厘錢熔解的工作就交給你們鐵工廠了。
嗯嗯，沒問題。

中國的法律雖然規定「改鑄、買賣、搬運通貨者處死刑」，但是，當時日本人在中國享有治外法權，不受中國法律規範。
是川曾經出資在青島郊外設立一家鐵工廠，一厘錢就趁著黑夜一車車地運往鐵工廠熔解，然後製成金屬塊輸到日本。
如此左手進右手出……
過沒多久，是川又大賺了一筆錢。
不過，人生就像股市行情，高山之後必有深谷——
而是川的人生，這種起伏現象卻又特別明顯。
日本對中國提出二十一條要求以來，由於袁世凱受不了日本的得寸進尺……
於是展開排日運動。因此，日軍轉而支持孫文，期望孫文能打倒袁世凱政權。

有一天——
請慢用。
謝謝。
那……
請問長官找我來有什麼事情嗎？
其實是有件事情想請小山先生幫忙。
青島守備軍
參謀中佐
幫忙？
啊，事情是這樣的……
最近孫文呢，
從滿洲帶來了三百名的強盜。
孫文？那個革命軍的孫文嗎？

是的！
我們會給這三百人施以軍事訓練，並供給武器彈藥給他們。
可是這三百名強盜在訓練期間不能沒飯吃，
而我們皇軍又沒這筆預算……
所以希望我能出這筆錢嗎？
要多少錢？
……
三萬圓就夠了。
三……三萬圓嗎？
當時的三萬圓，相當於現在的五、六億日圓，是一筆很大的資金。

出錢也不是不行。
但是……我有什麼好處呢？
過幾天，革命軍會去攻擊青州。
青州政府的駐軍是由傭兵組成的，肯定不堪一擊！
攻擊行動，十拿九穩。
等青州占領成功後，那兒的一厘錢生意就讓你獨占。

青州位於山東省中央，自古就生意鼎盛、大戶雲集……
唐山
天津
青州
煙台
德州
青島
若能在青州獨占這塊大餅，錢就賺不完了。
好吧……我試著籌籌看。
第二天，孫文的祕書前來取走三萬圓。
數日後——
小山先生！
今天午夜就要攻擊青州城，要不要一起去看？
咦？今晚就要發動攻擊了嗎？

中國的政府軍有一千數百名，
而革命軍雖然只有三百名……
但是政府軍缺乏戰鬥意志，
革命軍卻各個是殺人不眨眼的強盜出身。
何況又是半夜偷襲，趁其不備。
所以這場仗贏定了。哇哈哈！
嘿！快看啊！
砰！
砰！
前方就是慶祝我們勝利的煙火！

經過一夜激
戰後——
敗的竟然是
革命軍——
本人謹代表皇軍，
對你的損失表達
最深的遺憾。
就……
就這樣？
於是，是川的三萬圓
投資，隨著革命軍的
落荒而逃而付諸流水。
……

為了生活，是川只好埋首於一厘錢生意。
可是，屋漏偏逢連夜雨——
一九一六年十二月，德國皇帝向美國總統威爾遜表明講和之意。
世人認為第一次世界大戰已近尾聲。
非鐵金屬的行情因而立即大暴跌——
是川的事業就在三萬圓的損失，加上一厘錢生意的失敗，最終負荷不了而宣告崩潰。

注：當時，日本剛畢業的大學生起薪約十二日圓，而是川事業一帆風順之際，那時月收入已達數萬日圓。

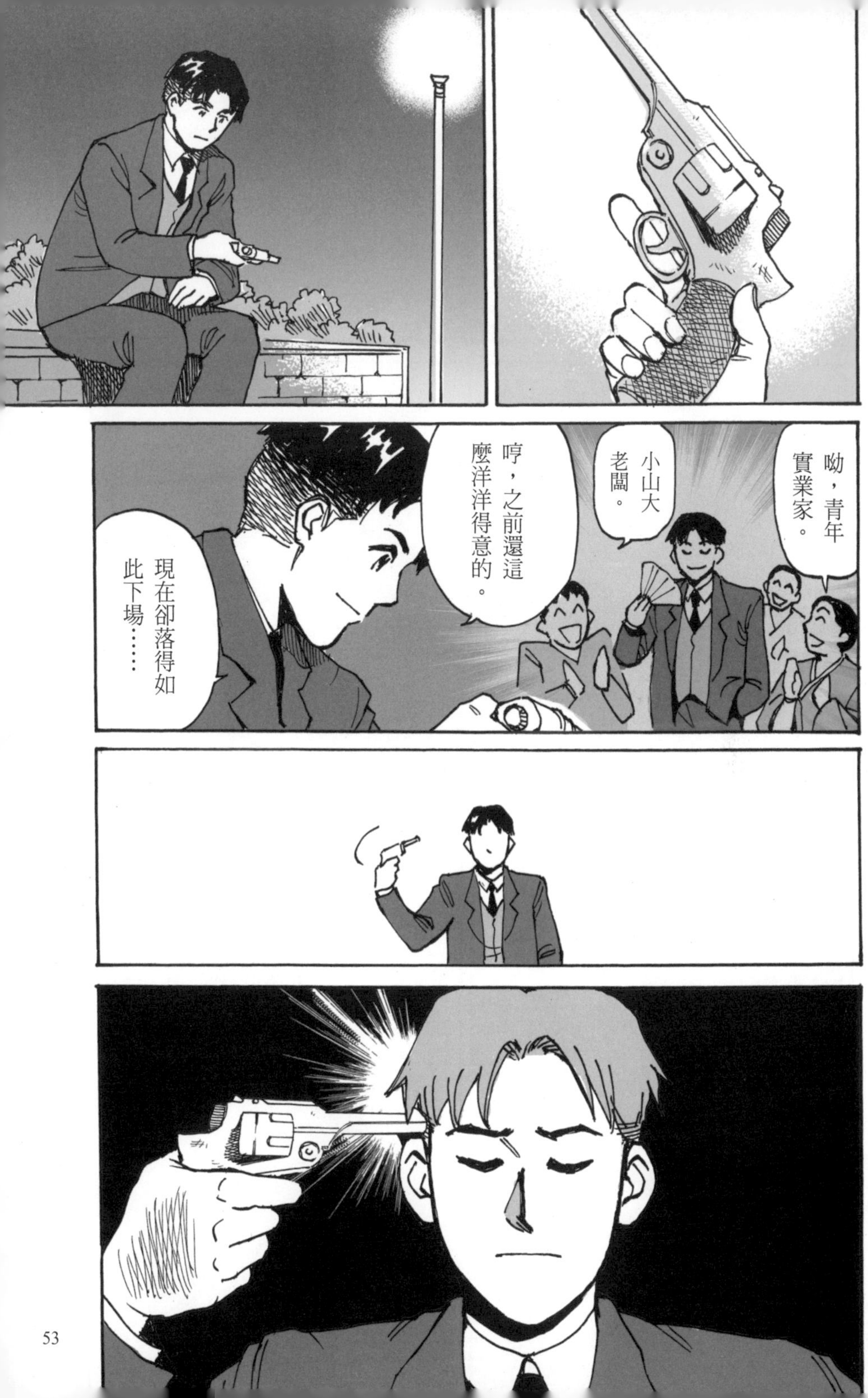
呦，青年實業家。
小山大老闆。
哼，之前還這麼洋洋得意的。
現在卻落得如此下場……

天啊！好漂亮的房子啊，我們真的可以住在這邊嗎？銀藏。
會不會給你添麻煩？
放心啦，爸媽來青島一定有好日子過的。
我跟你們保證過——
嗚……
嗚……
啊……
不行啊！
我不能就這樣丟下爸媽不管！
我到底該怎麼辦才好！

我到底該何去何從……

對啊……
不論黑夜有多長，
白晝依然會來臨。

人生起起伏伏
如高山深谷，
我現在雖已跌入谷底，
可是
只要努力，
接下來就是
通往高山之路。
緊握！
嗯，
回去吧！

丸山
實在萬分抱歉！
我所有的財產就只剩這些了，全部都交給你們了！
我知道這完全不夠彌補各位的損失，小山在此跟大家磕頭謝罪。
真是太令人驚訝了……
不過，沒想到他竟然只有十九歲。
對啊！
我以為會是個四十幾歲的老闆呢！
小子，起來吧。

錢的事情就算了吧！你還這麼年輕，又有才能，不要太沮喪。有朝一日一定能東山再起的。
對啊！
不要放棄啊！
年輕人，加油！
謝謝大家……
這樣的結局完全超出是川原先預料。
一九一六年十二月三十一日，是川再度赤手空拳，帶著父母從青島返回日本。
在這之後，
還有更大的波濤在等著是川銀藏……

第三章

牛刀小試

這突如其來的經濟恐慌，

難道就是資本主義崩潰的前兆？

回到日本半年後——
我要去東南亞！
……
說……說起來，
銀藏也快滿二十歲了呢！
對啊，也快到要接受徵兵體檢了。

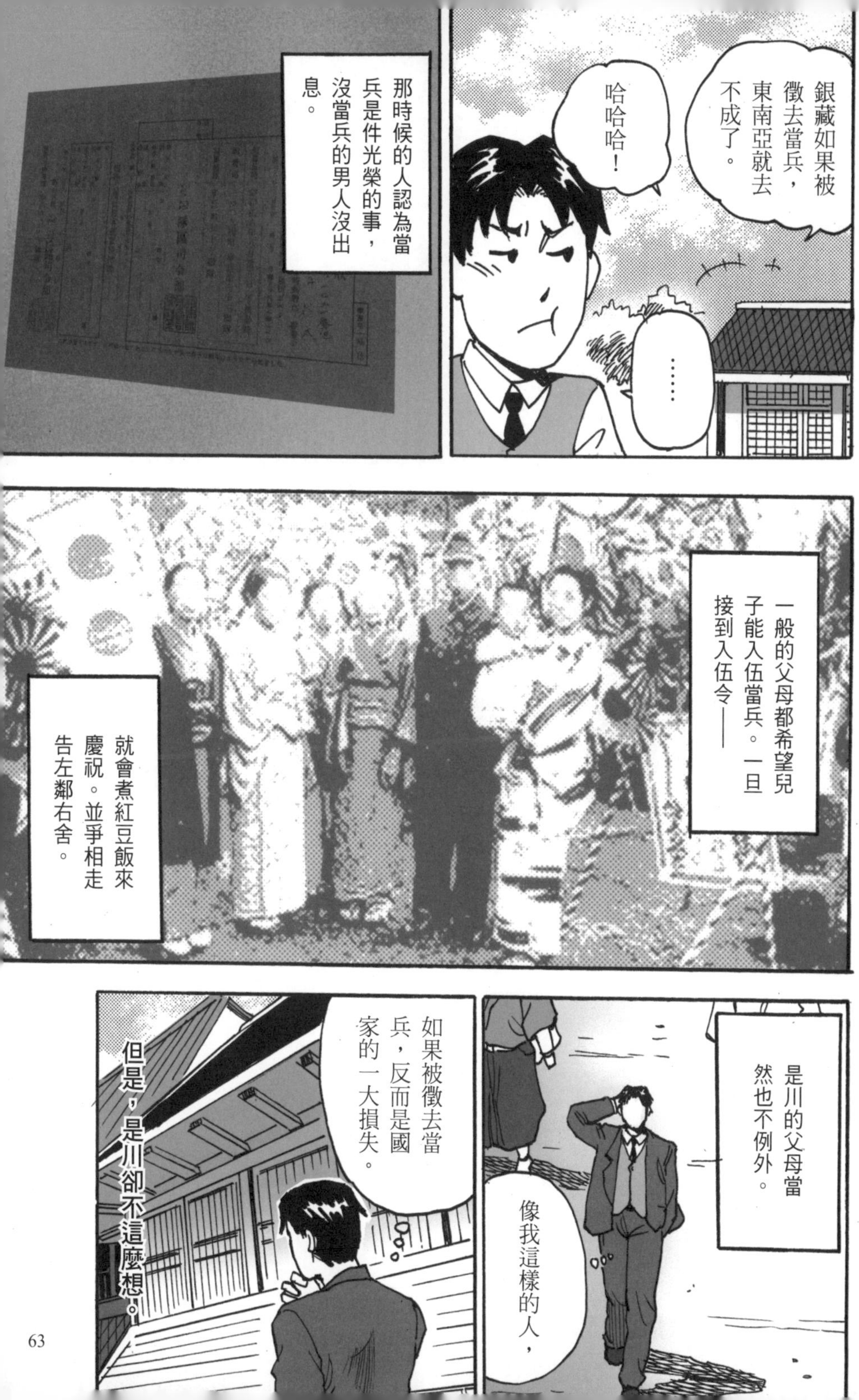
銀藏如果被徵去當兵，東南亞就去不成了。
哈哈哈！
……
那時候的人認為當兵是件光榮的事，沒當兵的男人沒出息。
一般的父母都希望兒子能入伍當兵。一旦接到入伍令——
就會煮紅豆飯來慶祝。並爭相走告左鄰右舍。
是川的父母當然也不例外。
像我這樣的人，
如果被徵去當兵，反而是國家的一大損失。
但是，是川卻不這麼想。

上杉診療所
上杉醫生！
小山啊，好久不見了……不對，現在應該叫你是川了。
上杉醫生，我記得你以前當過軍醫吧。
拜託，你幫我看看我的體格是甲等還是乙等？
對了，你好像也快到入伍的年齡啊。
徵兵體檢的結果，分甲、乙、丙三種等級，甲等是徵兵及格，乙等是候補，丙等是不及格。

注：一九一八年，小山入贅「是川」家，由小山改姓為是川。妻子為是川豐子。

好，衣服脫光，先讓我看看。
嗯……
是川，你的體格是——
百分之百的甲等及格！
有沒有什麼方法可以不用當兵？
拜託你告訴我！
……

好吧，你聽著。首先，你得找個有你親戚住的地方。
而且那地方的人必須非常健康。
我表哥住在岡山縣片上町，那地方是個漁村，村子裡的人身體都壯得很。
那你就把戶籍遷過去！
你的體格雖好，畢竟比不上他們，
在那兒體檢的話，很可能被評為乙等。
我知道了，謝謝醫生！
於是是川馬上就把戶籍遷移到岡山縣片上町。

果然，徵兵體檢時，是川在相撲力士型的大漢中——
乙等！
被評為乙等。
除
好，順利免除兵役了！
前往東南亞的障礙解除囉！
……
銀藏不用當兵，如果真的去了東南亞闖禍該怎麼辦？
我們幫他找點事情做吧。去拜託他姊夫看看如何……
嗨！銀藏！

注：片上町每年徵兵體檢時，甲等的人數遠超過徵兵預定的名額，甚至有三分之一的甲等不用當兵，因此若被評為乙等，一定不用當兵。

姊夫？
你怎麼突然跑過來了？
好久不見，來看看你啊。
其實呢，是有一門生意想找你合作！
生意？
你知道姊夫我在神戶經營一家專門輸出貝殼鈕釦的貿易公司吧？
你也來開一家製造貝殼鈕釦的工廠如何？
一定是爸媽找他來遊說我的。
可是我沒資金，怎麼開工廠？
這你不用擔心，資金我來出，而且生產多少我全部買下。
大家都在為我的事擔心，不去有點過意不去……
好吧……
真的嗎？太好了啊！

是川於是開始經營貝殼鈕釦工廠。
這畢竟不是他想走的路，因此做得有點勉強。一年後，便再也待不下去。
嗚
最近日本的海運業盛況空前——
海運公司和造船廠如雨後春筍般的成立。
鋼鐵的價格也因此不斷的上漲。我應該到大阪去，試著做鋼鐵的仲介商看看……

你真的要走了啊？
嗯，
哥，鈕釦工廠就交給你了。
爸媽會很難過的。
拜託，又不是生離死別！
我走啦！
擠在塞滿乘客的電車中，動彈不得，又悶又熱。
此刻，是川的心卻非常舒暢，因為總算擺脫了鈕釦工廠的束縛，就要到寬闊的世界去試試他的能耐了！

一九一九年，大阪——
這裡就是大阪嗎？
真是充滿生氣的城市呢！
好！
就在這邊轟轟烈烈的大幹一場吧！

是川開始到處收購廢鐵……
小自廚房的鐵鍋，大到舊船，都在收購之列。
結果，他收購了五十噸之後，銷售出去，賺了六千日圓。
價錢可以更高吧！
已經是最優惠了。
換算成現在的貨幣價值，相當於六千萬日圓。
我聽說最近廢鐵的生意，似乎做得很不錯呢！
還差強人意啦！
與其只是買賣廢鐵，倒不如將廢鐵壓延加工後再出售，利潤更大。
喔？
我這是從德國引進鋼鐵壓延技術，你要不要試試看？

鋼鐵壓延技術？
一九一九年底，是川在大阪市港區設立了一家延鐵工廠。
第二年，又買下一家鍍鋅工廠。
後來，將這二家工廠合併，設立「大阪延鐵鍍鋅股份有限公司」。
全部員工約有二六〇個人。

上工囉！
喔！
壓延工廠的作業採取二班制。
第一班從早上四點工作到下午五點。
第二班從下午五點工作到翌日早上四點。
是川則是每天從早上五點到晚上十一點……
一直待在工廠中工作。
是川沒注意到的危機，漸漸地逼近了……

工廠內的工作環境很糟，
高溫……
塵埃瀰漫……
乾燥……
是川的身體逐漸被病魔
侵蝕而不自知……
夫人請往
這邊走。
真是抱歉，外
子每次一工作
就忘了時間。
是川先生確實很
投入工作呢！

親愛的，你……你怎麼了！
是川先生！
來人啊，趕快送醫院！快！
壓延工廠的惡劣工作環境，加上工時又長，長期下來，再健康的身體也承受不了。

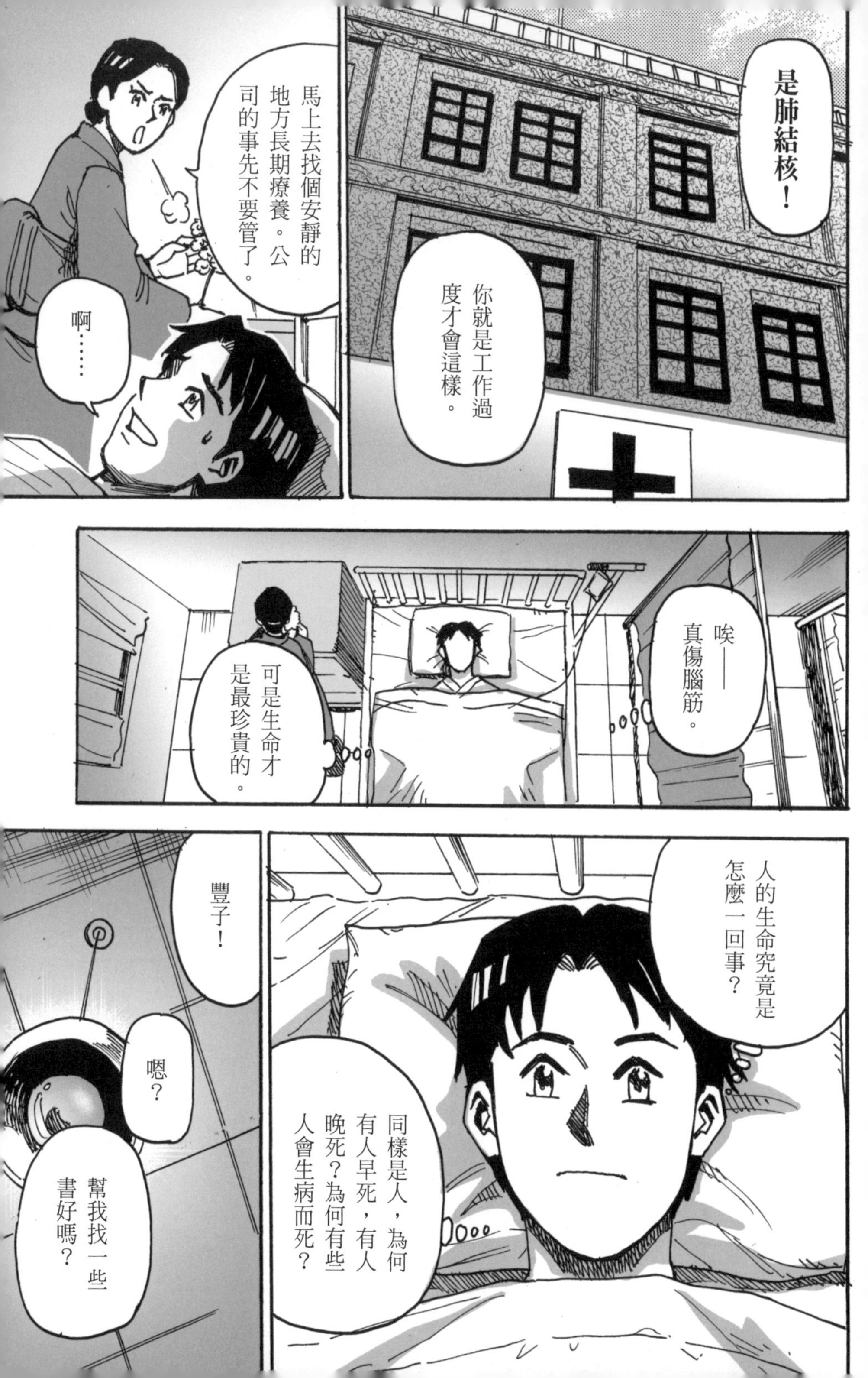
是肺結核！
你就是工作過度才會這樣。
馬上去找個安靜的地方長期療養。公司的事先不要管了。
啊……
唉——真傷腦筋。
可是生命才是最珍貴的。
人的生命究竟是怎麼一回事？
同樣是人，為何有人早死，有人晚死？為何有些人會生病而死？
豐子！
嗯？
幫我找一些書好嗎？

嗯……這本美國醫學者寫的書真不錯。
人只要能順著自然的法則生活，就能長壽。一般人之所以只活到六十、七十或八十歲，
是因為過著違反自然的生活之故。破壞人類生命力最大的元凶是酒，其次是梅毒——
而在飲食方面，應以蔬菜、水果、穀類為主食，肉類則盡量少吃。
明天開始不要吃肉了……
是川在看完那本書之後，便改吃素食。

後來是川硬朗地活到了九十五歲——
他生來就具有的堅定意志，在商場打滾之時，經常有人邀去喝酒、嫖妓，但是是川一概拒絕。這也是他保持健康的原因之一。
但人類堅強的意志有時候也敵不過命運的殘酷……
橫向擺動，震央應離此很遠……
好恐怖！
地震！
一九二三年九月一日
朝日新聞的號外——

關東大地震
日本發生了史上空前絕後的大災難——
號外
浜大地震、津波の危険迫
横浜で大地震が起き
全市で火災が
発生

在一剎那之間，死了九萬一千人，房屋毀損五十二萬七千戶。
橫濱全毀，全市陷入火海……

馬上把所有員工叫到社長室！
嗯？
快點去，時間緊迫！
馬口鐵板、白皮鐵板和鐵釘……？
嗯，不計任何代價去搶購！
數量越多越好。
每個人拿五、六張支票。
買這麼多沒關係嗎？
別問了，快點去買！
啊……是！

我要出門，公司就先交給你了！
是！
橫濱災情好慘……
天啊……
好可怕的地震！
關東的地質屬於沖積層，很不耐震。
真恐怖。
如果橫濱發生大地震，那麼……
東京一定也出事了！
東京人口密集，災後重建的需求必定很大，而重建的材料就是——
老闆，你這兒馬口鐵板的庫存還有多少？

大概還有二萬張吧……怎麼了？
全部賣給我吧！
全……全部？
都賣給你，我生意怎麼做？
你再進貨不就行了嗎？
全賣嗎？嗯……
……
我不能等太久，還有很多店要去跑。
這樣好了，如果你不願意全部賣我，那一半如何？
一半嗎？嗯……
別再猶豫了，到底要不要？

是川最後以每張六角，買了一萬張，共六千圓。
為什麼突然買這麼多馬口鐵板？
一位在朝鮮搞建築的朋友，
最近接了一件大工程。
需要數萬張馬口鐵板，就託我購買……
對了，幫我開一張提貨單。
提貨單？
不一定什麼時候會來提貨，你開一張隨時可以提貨的單據吧。
知道了，等我一下。
謝謝惠顧！

最新號外！
號外！
天啊！
東京也……
東京全市に戒嚴令
何人も帝都に入るを禁ず
行方不明の者一万人に達す
果然……
我不在時，公司沒什麼事吧？
是！
是……是川先生！
哎呀，老闆你怎麼自己跑來了？
呼……
呼……
你還敢說！

你也太狠了吧！
是你反應太慢了，當我看到第一張號外報導大地震時，
就判斷東京也會發生同樣情形。
嗚……
關東的地質屬於沖積層，很不耐震，如果橫濱發生大地震……
那麼離橫濱不到四十公里的東京，當然也在劫難逃。
嗯……
啊……
可……可是每張馬口鐵板六角……這……
白紙黑字，契約已經成立了！
能……能不能拜託您取消契約？

你敢取消契約，我就把你的店招牌拆掉！
求求你高抬貴手吧！
是川耗不過對方的苦苦糾纏，最後只好把一萬張馬口鐵板減為五千張……
這樣總可以了吧？
謝謝！
謝謝！
這才將他打發走。
就這樣子，是川動員了整個公司的人力。
把大阪市可以買得到的建材，

以支票全部買來——
問題是，支票的支付日期是隔日，是川當時根本沒那麼多存款。
接下來就是資金的問題了。

野村銀行
（現在的大和銀行）
千代崎橋分店——
您好，是川先生。
您好，廣瀨經理。
那麼，您說見面要談的事情是？
是川把事情的始末告訴廣瀨經理。
明天，那些業者就會拿支票來銀行領錢。
到時候，希望貴行能照額支付。

請問您在敝行的存款還有多少？
由於您這家分行開店沒多久，因此存在這兒的錢還很少。
嗯……
我絕不會給你惹麻煩，過了今夜，馬口鐵板一定暴漲。
這件事不會出差錯，請你務必讓我融資。

萬一東京沒有像你說得那麼嚴重呢？
不可能，橫濱都全毀了，東京怎麼會平安無事？
……
好吧！就讓你融資吧！

謝謝！謝謝！
太好了！這麼一來就沒問題了。
對了，
請問您今年貴庚？看起來還很年輕呢。
我，二十六歲。
啊？
你……你真的只有二十六歲啊？而且還已經是一家工廠的老闆？
是的。

這次又如此大膽地預先收購馬口鐵……
真是可怕的男人啊！
這次就給你融資吧！不過，以後可不要再幹這種大膽的事了。
謝謝！
不出是川所料，前一天以六角買的馬口鐵板，一下子暴漲到五圓，翻了將近十倍。
總是洞燭先機的他又打了漂亮的一仗！
不過，這畢竟是因別人的不幸而賺來的錢。
因此是川把利潤的一半，捐給了大阪市。

然而如同前幾次的慣性週期，晴朗之後必有風暴來襲……
一九二七年三月十四日，當時的大藏大臣（財政部長）失言……
今天中午，東京渡邊銀行終於撐不下去了。
這席話，造成翌日的瘋狂擠兌，東京渡邊銀行只得宣布停業。
……
……
同日，光明銀行也因周轉不靈而停業。
三月二十日中野、中井銀行也……
二十二日，村井、中澤、八十四、左右田銀行相繼停業……
四月一日，大商社鈴木店也宣布倒閉。

這是日本史上空前的金融大恐慌……
這次的昭和金融恐慌，總計有三十七家銀行宣布停業，其中九家後來恢復營業，其餘二十八家則以破產收場。

命運弄人，是川存錢的二家銀行不支停業。
廣瀨經理，好久不見了。
是川啊，我要調回野村銀行東京總行了。
恭喜啊！
只有當初貸款給是川的野村銀行通過了試煉。
不好意思，那個貸款，希望您能償清。
我知道了，廣瀨經理。
廣瀨經理是是川的大恩人，在要調回總行之際，絕不能給他添任何麻煩！
於是他便四處湊錢，還清了貸款。
但是，這種借新債還舊債的方式畢竟解決不了問題。
一九二七年年底，是川經營的「大阪延鐵鍍鋅公司」終於破產。

在債權人會議席上，債權人好意地慰留是川。
破產並非你一個人的責任，希望你能繼續經營，等公司賺錢，再來還債。
是川婉拒了。
並將所有的財產交出來，公司也轉讓給債權人經營。
都準備好了嗎？
嗯，出發吧。
這場突如其來的經濟大恐慌……
對啊
難道這就是馬克思、列寧所謂的資本主義崩潰的前兆嗎？

我要花一些時間把這些問題搞清楚才行！
就這樣是川帶著妻子與四個孩子，從大阪搬到京都的嵐山。是川，再次由巨富淪為赤貧。

第四章

走出自己的道路

投資股市絕對不是賭博！

是一種以實際的經濟演變作爲判斷依據的經濟行爲！

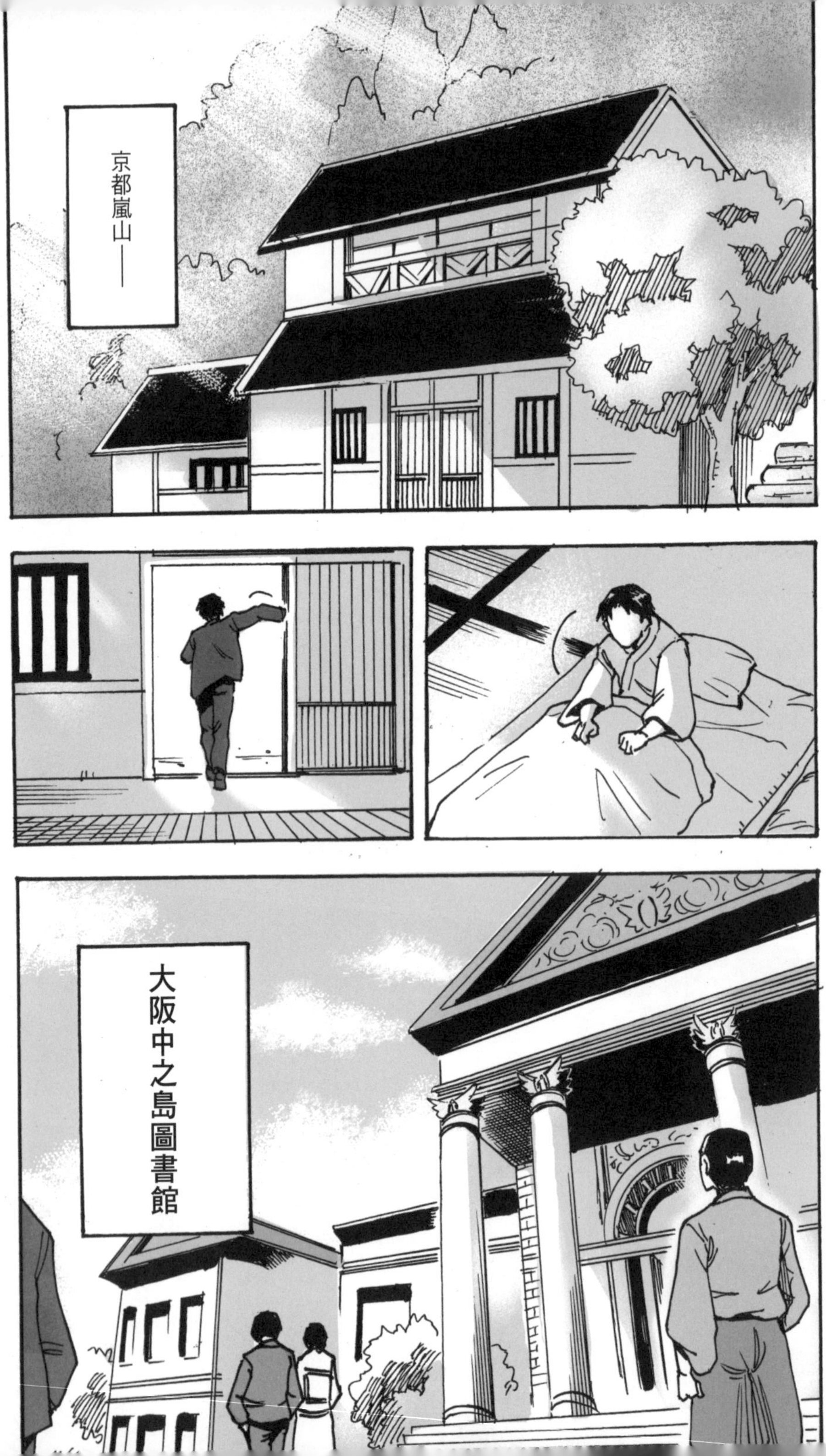
京都嵐山——
大阪中之島圖書館

是川讀遍與經濟相關的各種書籍、資料。
吉野作造的《日本無產政府論》、大山郁夫的《現代日本的政治道程》、河上肇的《馬克思主義講座》……
是川也徹底地分析了世界各國數十年來的各種經濟統計，包括物價、景氣、股價、消費等。
這場金融大風暴到底是資本主義崩潰的前奏曲？
還是一時的失序現象？
是川想要把這個問題搞清楚。

原先是川估計只須花一、二年，就可獲得結論。
不料經過了二年，還摸不著頭緒，只好繼續往圖書館跑。
我回來了。
爸爸！
爸爸回來了！
啊……
親愛的，你回來了啊。
爸爸，今天發成績單了。
我是第一名喔。
爸爸抱抱。
好厲害，不愧是我的女兒。

孩子的媽，你在做什麼啊？
我在改淑子的校服啊。
縫線的地方可以再調整一下。
就是上次你用自己的和服改的那件？
辛苦你了……
自古以來，京都的人們就對穿著極為重視。
女學生的制服，動輒友禪染、西陣織，家長們競相在孩子的穿著上滿足自己的虛榮心。
淑子穿著顏色漸褪的「改裝制服」上學。應該會被同學嘲笑吧。
淑子，抱歉，爸爸沒有錢……
沒關係啦，爸爸。
咦？
那些衣服很漂亮的同學瞧不起我，但成績卻沒有我好。

而且我的父親不是普通人！
現在雖然窮，但是不會一直窮下去。
爸爸，抱抱！
是啊！是啊！
爸爸，加油！我們不會讓你丟臉的。
爸爸好像流淚了。
爸爸，抱！
於是，是川繼續埋首於書籍中。
為了尋找未來生存之道而拼命苦讀。

沒錢吃中飯，因此一到中午，便猛喝水，把胃撐飽。
沒錢搭電車，只好迎著刮臉寒風，走上一段二公里半的路。
回到家後——
便開始將白天所吸收到的知識，整理成筆記。
每天工作到十二點、一點才就寢。這樣的生活持續三年後。
原來是這樣，我了解了！
是川逐漸感覺思路通了！

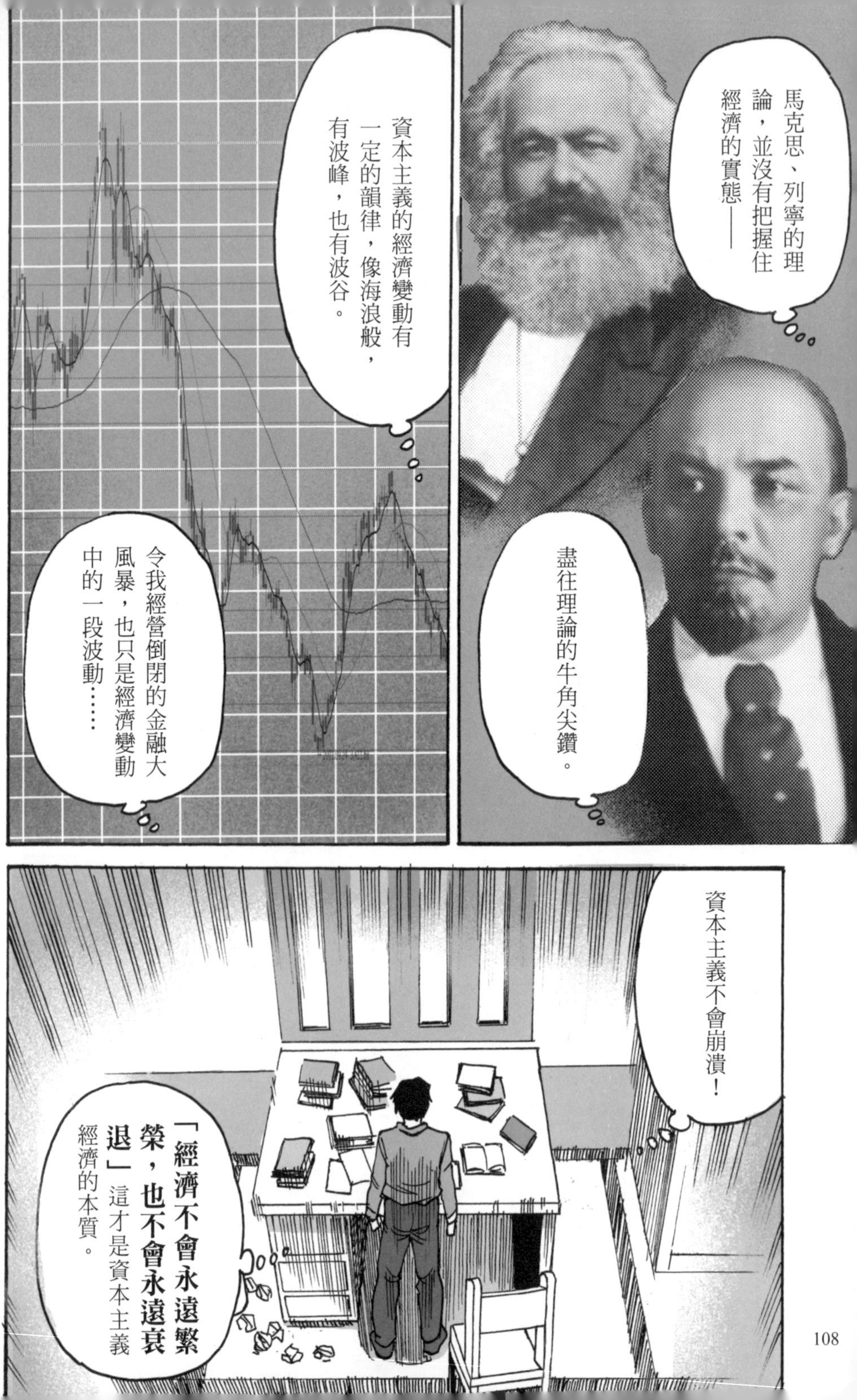
馬克思、列寧的理論，並沒有把握住經濟的實態——
盡往理論的牛角尖鑽。
資本主義的經濟變動有一定的韻律，像海浪般，有波峰，也有波谷。
令我經營倒閉的金融大風暴，也只是經濟變動中的一段波動……
資本主義不會崩潰！
「經濟不會永遠繁榮，也不會永遠衰退」這才是資本主義經濟的本質。

而且經濟變動的韻律，會反映在股市行情上。
那就把這三年嘔心瀝血所得的知識，投入股票市場試試看吧！
日後被稱為股市之神的是川，在此刻正式踏入股票的領域！

這三年來，豐子為了家裡，把自己的東西都拿去典當了。
雖然決定到股市一搏，可是我實在不曉得上哪兒去找錢……
孩子的媽……
我知道這時候提出這種要求未免太強人所難。
我想做股票，可是沒本錢，你可不可以到哪兒借些錢來！
多少都行，我只能拜託你……

數日後——
這是我所能借到的錢，無法再多了，拿去做你想做的事吧！
七十圓？你怎麼借到這筆錢的？
其他的，你就不要多問了！
……
豐子，謝謝你……
我不會讓你的辛苦白費的！

當時，股票的買賣單位是十股（現在是一千股）。
要買賣十股，必須有二百圓的保證金，是川卻連一半都不到！
是川只好到大阪股票交易所找舊識……
福田，我要用這筆錢做股票！
七十圓？
保證金最少要二百圓，只有七十圓，怎麼行？
起碼交個一百圓吧！
多一圓我也湊不出來。
不夠的部分你就幫我墊付吧！
你這不是在為難我嗎？

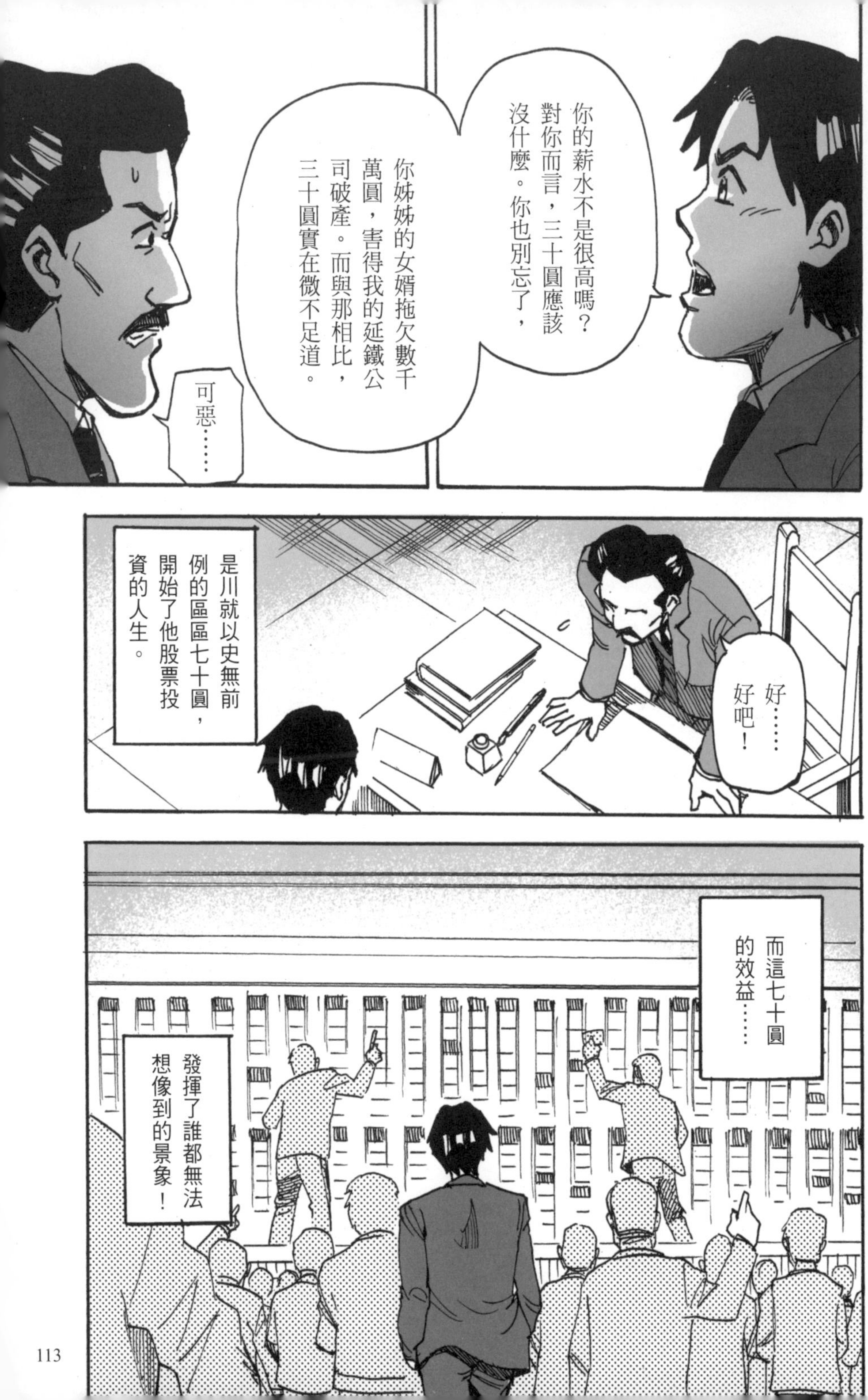
你的薪水不是很高嗎？對你而言，三十圓應該沒什麼。你也別忘了，
你姊姊的女婿拖欠數千萬圓，害得我的延鐵公司破產。而與那相比，三十圓實在微不足道。
可惡……
好……好吧！
是川就以史無前例的區區七十圓，開始了他股票投資的人生。
而這七十圓的效益……
發揮了誰都無法想像到的景象！

是川憑著三年苦讀的成果，
在股市操作得奇順無比，還能夠完全正確地預測經濟走向。
喔
這個該脫手了！
每個月都能給太太全家人的生活費。
豐子，這個月的一百圓。
本錢也從七十圓變成了七千圓，足足增加一百倍！

「有一位買進賣出總是百發百中的人」這樣的小道消息逐漸在大阪股市傳開，最後甚至傳到東京。
不好意思請問……
沒多久，是川家就門庭若市。絡繹不絕的訪客登門拜訪。
若不是想知道投資祕訣——
就是要找是川擔任公司顧問。
有一天——
先生，我替您籌設了一間事務所，能勞駕您去看看嗎？
事務所？
咦？
事務所在大阪市北區堂島。希望先生，
可以去看看。

是川先生，請讓我們在這兒工作。拜託您了！
你們要跟誰拿薪水？
我們不會跟先生拿一毛錢的。
幹事告訴我們：「股市最近出現了一位了不起的人物，你們跟在他身邊學習，將一輩子受用不盡。」
那還用說！我又沒答應過要雇用你們。
先生，以後我們每天都到這兒，請您不吝教導！
要我教什麼呢？我可沒這個自信。
這樣吧，有什麼問題，你們問，我回答。
一九三三年，「昭和經濟研究所」成立。

是川預測的經濟動向，以及上市公司的未來業績，都奇準無比。
會員們依照是川的指示買進股票，全部百發百中，因此，他們簡直把是川當成神了。
哈哈哈！
再上酒啊！上酒來！
是川老師，你也喝一點嘛……
順便挑個喜歡的女人吧。
不用了。
先上飯菜吧。
這些人，錢賺得容易便一擲千金、面不改色，實在是不可取！
人生何其短，要做的事太多了。

昭和經濟研究所成立二、三個月後，
聞風而來，希望接受是川指導的人越來越多。
因此，是川把「昭和經濟研究所」改名為「是川經濟研究所」。
並嚴格挑選研究員，必須通過一次筆試與三次面試才予以錄用。
只有素質優異、才德兼備的人，才能進入是川經濟研究所。
是川經濟研究所的研究員，鼎盛時期高達五十人。

不好意思，打擾一下。
請問是川先生在嗎？
我就是……您是？
您就是是川先生嗎？久仰您的大名了！
冒昧來訪，我是西垣的大學主任教授古川武。
西垣菊三是您的學生吧？這個年輕人真的很優秀。
有幾位是川的研究員晚上會去大學夜間部進修。西垣菊三就是其中一位。
只有他的考卷，我不曉得要給幾分才好。我來寫的話，也寫不出那麼有水準的答案。
我問他如何學習的，他說：「是是川銀藏先生教的。」

我來此厚顏地提出一個請求，希望您每個星期六的講課，也能讓我旁聽！
這……這怎麼行？你可是名門大學的教授，這樣太失禮了。
實在拒絕不了古川教授的熱情，是川只好答應他來旁聽。
後來是川在古川教授的邀約之下，每個月到大學講課一、二次。就這樣，只有小學畢業的是川，登上了大學的教壇。
但由於每次講課，事前都必須花時間準備資料，是川的事業繁忙，實在撥不出空。他便向古川教授表明，辭去授課之事。

一九三二年，日本藉著滿洲事變，占領了滿洲。
關東軍扶植了清朝最後一位皇帝溥儀，宣布獨立，成立滿洲國。
一九三三年三月二十七日，國際聯盟要求日本取消滿洲國。
日本的代表松岡洋右大使，立即抗議退場，宣布退出國際聯盟。
同時間，美國則發生金融大恐慌
全世界的政經都陷入了極為混亂動盪的漩渦中。
是川為了正確判知股市行情，
他拼命研究經濟的趨勢，以及時代的潮流。

老師，紐約聯邦準備銀行的資料來了。
謝謝。
最近國際情勢這麼亂——
不知道美國那邊會有什麼樣的動作……
咦？
喂……是川先生啊，你今天要買哪一支啊？

啊？
什麼？你說什麼？
是……是川先生！
福田？你怎麼跑來了？
是川先生，你怎麼賣掉你全部的持股？
究竟是什麼原因？

福田君——
你也趕緊賣掉你的股票吧！
咦？
星期三……
停止金本位制？
休市？
美國就會傳來停止金本位制的消息。
屆時，東京也好，大阪也好，股市都會休市的。
這個……
福田對是川的分析半信半疑——

一九三三年四月十九日
星期三
美國決定廢止金本位制，
紐約股市休市……
紐約聯邦準備銀行表示……
真……
真的……

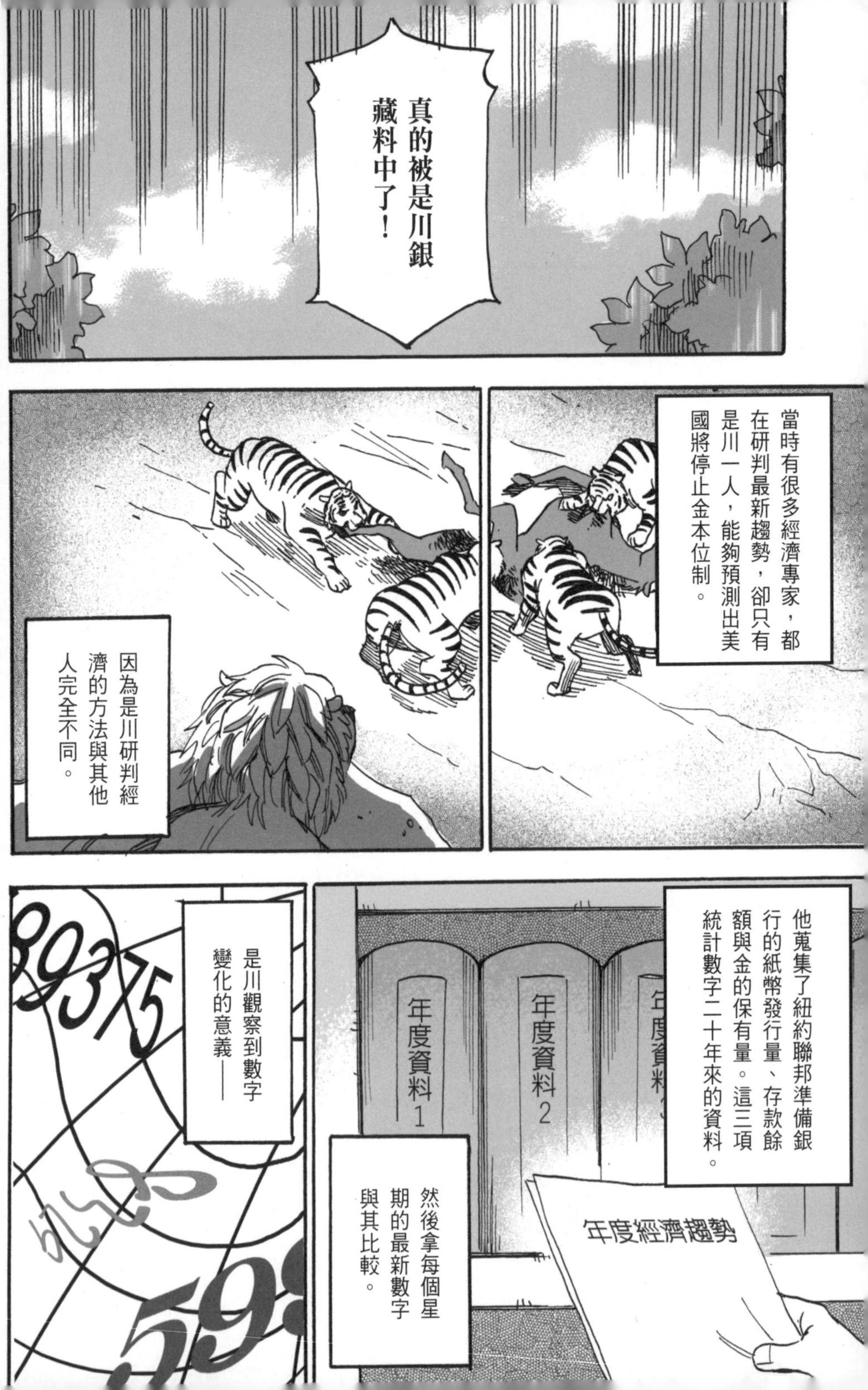

真的被是川銀藏料中了！
當時有很多經濟專家，都在研判最新趨勢，卻只有是川一人，能夠預測出美國將停止金本位制。
因為是川研判經濟的方法與其他人完全不同。
他蒐集了紐約聯邦準備銀行的紙幣發行量、存款餘額與金的保有量。這三項統計數字二十年來的資料。
年度資料1
年度資料2
年度經濟趨勢
然後拿每個星期的最新數字與其比較。
是川觀察到數字變化的意義——

所以才能在混沌的局勢裡，
79
24.13
379.165
50
比別人先走出正確的道路！
不過有些事情也是無法預料的。
果然如我所料。
這下子大賺了！
第一天股市大暴跌。
第二天股市休市。

第三天也休市——
咦！不太對勁……
糟糕！
難道政府打算……
按照當時的規定，融資者必須繳二〇％的保證金給證券公司。
60
50
20%
30%
而股價若跌到一半時，剩下的三〇％就得由證券公司代繳。
美國廢止金本位制的消息，幾乎讓所有的證券公司就得代繳三〇％的股價，
而面臨破產的危機。政府不會坐視事情如此發展，休市勢在必行。
已經買賣的股票，一律以美國停止金本位制之前的收盤價結算……
可惡！
休市一星期後宣布的內容，讓是川的億萬富翁之夢就此破滅。

不過由於準確預測美國將停止金本位制，
是川銀藏很神！
是川銀藏真厲害！
成功讓是川的名字傳遍了整個大阪股市。
蒐集各種重要的統計資料，每天詳細分析，然後從裡面找出國際經濟的可能變化。
這就是是川銀藏的基本研究法。

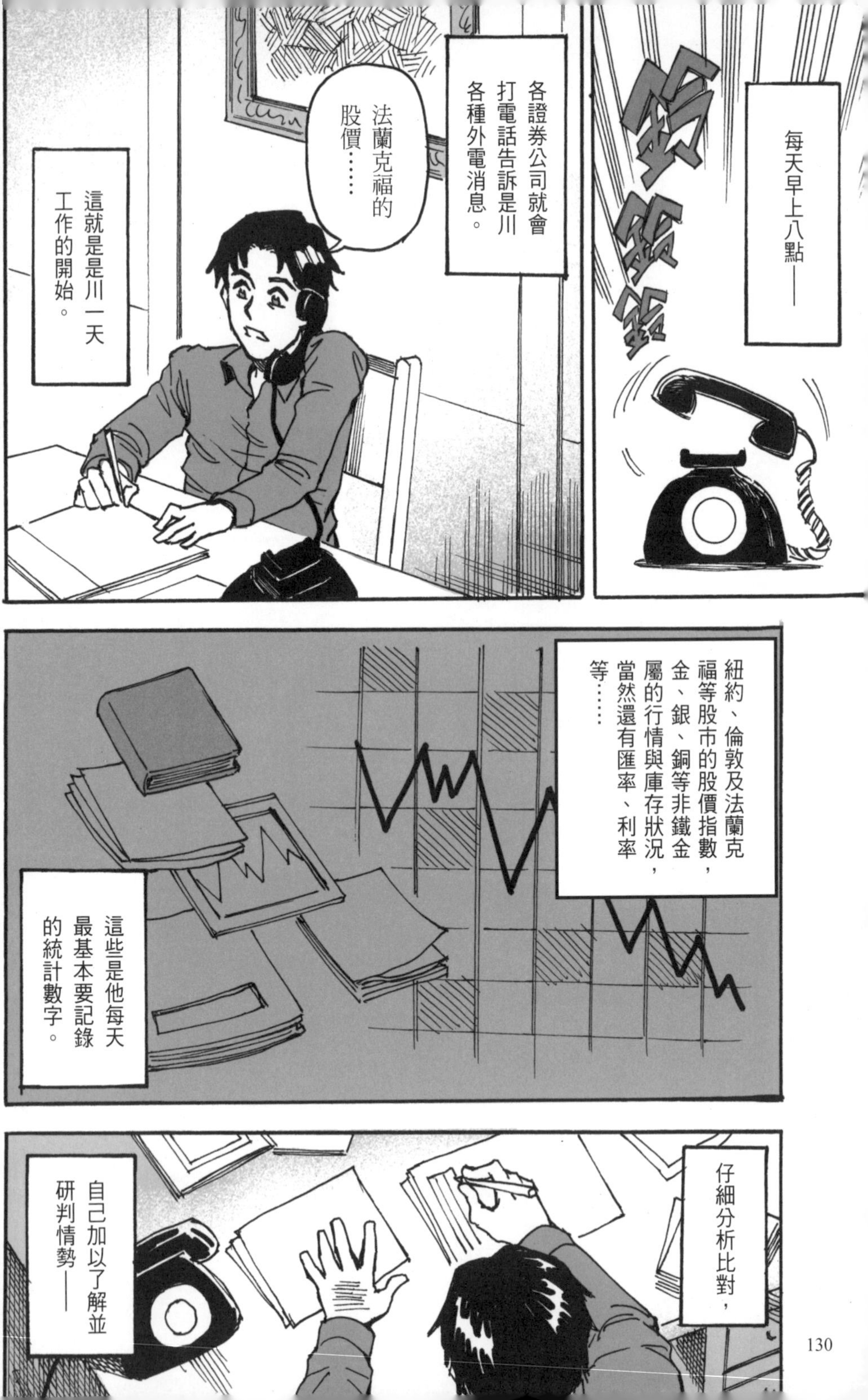
每天早上八點——
各證券公司就會打電話告訴是川各種外電消息。
法蘭克福的股價……
這就是是川一天工作的開始。
紐約、倫敦及法蘭克福等股市的股價指數，金、銀、銅等非鐵金屬的行情與庫存狀況，當然還有匯率、利率等……
這些是他每天最基本要記錄的統計數字。
仔細分析比對，
自己加以了解並研判情勢——

直到是川九十四歲，也不曾間斷這些功課。
若無如此堅定強烈的意志，是無法在股市中賺大錢的。
一般投資人就是因為不懂得研判情報的真偽，
一味人云亦云的跟風，才會在股市受重傷。
當時日本的證券公司大多擁有自己的調查機構。
而營業員從這個調查機構拿到情報後都深信不疑。
並以此作為勸說客戶進出的依據。

是川一拿到這些資訊，都會先仔細判斷其真偽以及來源。
許多海外傳回來的資訊，常常會被特派員加上個人主觀的解釋，甚至預測未來的變化。
而證券公司的研究機構也毫不懷疑地接受該項情報。
投資人如果不懂得過濾情報，去蕪存菁理解分析，
只是一味地全盤接受的話……
就很容易在股市中重創。

投資股市
絕對不是賭博！
是一種以實際的經濟演變
作為判斷依據的經濟行為。
因此，只要肯親自動手用功
研究，便可以提高研判的準
確性，而得以在股市獲勝。

以經濟的觀點來看國際局勢，往往可以看得更為透徹。
有一次卻因為看得太過透徹，而惹來麻煩。
據報導……

一九三三年，是川應邀到外國演講。
張作霖的東北軍炸毀了滿洲鐵路的一處，
就這件事而言，應該是不可能的！因為……
在演講中批評滿洲事變。

編注：此段可能是是川先生記憶有誤，應為「張學良」的東北軍，而不是張作霖的。張作霖已於一九二八年被炸死。

是川的懷疑是來自他在中國的經驗。
當時槍枝一支一百圓，子彈一顆十圓，價值不貲。
若不在睡前收繳武器，軍人就會趁著黑夜攜械逃走。這向來是中國軍閥的一大煩惱。
因此，當是川看到報上說事件發生於半夜，便覺得其中必有蹊蹺。

全部翻出來！
回國後——
憲兵隊闖進是川家大肆搜索！
把所有文件全部帶走！
其他地方也要仔細搜！
你為什麼在演講時批評滿洲事變？
還有其他同夥嗎？
事實本來就是如此，你們了解中國軍隊的實情嗎？
什麼？
走！跟我們回憲兵隊！
孩子的爸……

豐子，不用擔心！
我很快就回來了。
記得幫我打電話給佐
佐井老師，說我今天
沒辦法過去了。
佐佐井議員？
對了！
快走！
說！
你是不是
間諜！
你的同夥呢？
快點回答！
說啊！
當時的憲兵隊，
人見人怕！
大人往往以「你再
哭，就叫憲兵隊來
抓你」來恐嚇小孩。
他們就像魔鬼
一樣可怕——
兵

是川之所以敢堅持己見，
隊……隊長，電話……
哪位啊？
咦？
司……司令官好！嗯……是！我們當然沒有對是川先生怎樣！
其實是因為背後有靠山之故。
是……是的，我們會好好向他學習的！
佐佐井一兆先生是是川小學時代的恩師。佐佐井當時身為眾議院議員，
是右派的大人物，且與軍方過從甚密。
最後是憲兵隊長率領眾多部屬，向是川送別。
是川先生請慢走！

當時，東京證券業界因為想聽是川演講，而組成「是川會」。因此是川每個月都會去東京一趟。
而到東京時，都還會有一名「特高」警察尾隨。抵達東京後再由憲兵隊接棒監視。
請進。
不好意思又來打擾了！
沒有演講時，這些人還是不時的會到事務所拜訪。
而是川每次總會為他們做一番國際局勢的分析。
某日，在分析這些統計數字時，是川竟察覺到一個驚人的現象。

這……這是……
原本還以為是數字印錯了。但是美國、英國、蘇聯和荷蘭，這些國家的預算中，
有些明明不重要的項目，預算金額卻比往年大得多。
原來他們把龐大金額編入毫無火藥味的預算項目中，暗地裡卻拿這些錢去擴增軍備。

砰!
這些國家根本就是明修棧道，暗渡陳倉啊！
蘇聯正積極擴充東北邊境的軍力。
英、美兩國的民營造船公司也都接獲大量的戰艦訂單！
這是美、英及蘇聯，要聯手對日本展開包圍戰的準備工作。
日本必須盡快進入戰時體制，增強軍事生產力。
嗯，你觀察得很透徹，
事態的確越來越緊迫了。
沼田 多稼藏
陸軍少將
現在已不是搞美日親善的時機了！
情況緊急，日本必須早日採取擴軍行動。

日本最大的弱點是鐵的產量。美、英、蘇聯三國的鋼鐵年產量為一億多噸！
而日本只有六百萬噸，這樣如何取得勝利？起碼也得增產到一千萬噸才行。

此時，是川找到另外一個追求的信念，並且又一頭栽了進去。
是川所發現的情勢，其實是二次大戰正在醞釀的開端——

第五章

拒絕入閣

如果能比別人擁有更大的影響力，

應該將它用在對的地方！

東京
是川經濟研究所
關於這個資訊一定要謹慎……
是川先生！
怎麼氣喘吁吁的？
……終於！
等了兩年——
鐵礦！三菱礦業公司的技師，在朝鮮發現一處鐵礦！
太好了！
各位，如同我時常提出的，此時要增強日本國力，當務之急就是鐵！
跟我一起去朝鮮，為國家的未來開發鐵礦吧！

從一九三三年到一九三八年，亦即從設立研究所，到赴朝鮮為止，是川不斷地向有關當局提出種種備戰建言。
漸漸地，是川覺得在國家危急存亡之秋，還悠閒地從事股票工作，實在毫無意義。因此，他決定親自出馬去開發鐵礦，看能否貢獻一份心力。
這就是朝鮮啊。
是川關掉經濟研究所。拿出所有的財產，設立「是川礦業公司」，帶著十六名研究員，前往朝鮮半島。
那是一九三八年七月，是川四十一歲之事。

咦？是川先生呢？
如果不是在公司就一定是在那裡！
質研究所
喔喔——
原來是這麼回事啊！
是川抵達朝鮮後，幾乎每天都在地質研究所鑽研採礦有關書籍。一有空，就到各處山地做地質調查。
他從事任何事業，一定全心全力地投入，非得把與該事業有關的事情，搞得一清二楚不可。因此，下的判斷也鮮少失誤。
一九四二年從一開始的是川礦業公司，
貸款二千七百萬圓，加上自有資金三百萬圓，設立了「是川製鐵公司」。
後來，接手一間經營不善且擁有十多萬公頃土地的「北鮮開拓興業公司」。

是川於短短數年間，在朝鮮已經擁有了三家企業！
呵呵呵，不愧是是川啊！
你的見解一向非常準確！
不敢當，不敢當。
要是當局能更重用你的意見，我們日本將會更強大！
如果有機會，
我也希望能為帝國盡一點微薄之力。
對了！成立是川製鐵公司，能順利向設備營團貸款，都還沒好好謝謝總督您呢……
你太客氣了！
當時佐佐井議員說：「我的學生為了報效國家，跑去朝鮮開發鐵礦。」我心想，這人真是了不起啊，一定要盡量幫忙才是！
一九三九年小磯國昭赴任朝鮮總督。是川靠小學時代的恩師佐佐井一兆從中牽線認識後，來往非常密切。
新聞媒體更形容為：「是川銀藏是總督的幕後軍師。」

要參政嗎？
哇——大人，求您別打我媽！
？
混蛋東西！給我閉嘴！
對不起！
付不出稅金來？你們這些賤民！
……
來來，我為您介紹——
這位是這裡的警察局長。

局長，這位是——
喔……
不用介紹啦，是川這麼出名，怎麼會不認識！
哈哈……
局長先生，
前天街上看到——
啊？
警察當街毆打朝鮮人，這樣是不是不太妥當……
什麼？
是川先生你不了解，這個地方蠻荒未開，不這樣做，根本無法順利管理啊！
你還是想想怎麼從總督那撈好處吧！
……
……
勸說無用後，是川就請總督將他們撤職。
那人真笨，竟然去惹總督面前的紅人。
這才不是我個人喜好的問題呢！

如果能比別人擁有更多的影響力，應該將它用在對的地方！
如果能藉由政治實現我在經濟的想法……
在朝鮮，是川對參與政治越來越有興趣。
另一方面，二次大戰正如火如荼的進行中。
日本海軍は
艦2隻を失い敗北し
戰況也對日本越來越不利……
是川先生，有您的訪客！
不好意思，打擾您了。
你……你不是應該在日本嗎？

小磯總督的祕書官前來拜訪
老闆說，這是他最後一次為國效勞，
是不是能請你回去幫忙……
來了——
數個月前——
東條英機內閣已呈崩潰之象，下台是遲早之事。
接下來最可能組閣的人選……
是的，接下來很可能由您上台組閣。目前有能力撐大局的，只有您了。
但……
是川你直說無妨！
……
總督……
小磯總督，若真有這麼一天，您可千萬不能接受！
!!

為何不能接受呢？
嗯……
大局演變至此，已進入最後關頭，您年事已大，還是讓年輕人來做，才可以開創新局面。
這樣啊……
我會好好思考。
但是……
是川，你是個有才能的人。
如果有這麼一天的話，我也希望你能好好考慮。
回到日本協助我。
是川先生？
小磯要我回日本幫他什麼忙呢？或許是要我擔任財經方面的大臣吧。
可以一舉從政，發揮自己的經濟長才——
在朝鮮受到小磯很多的照顧，這也是個絕佳機會……

我——
小磯先生的好意，我心領了。
咦？
是川先生，從政不也是您的希望嗎？
是的，但是——
我不希望經由官選擔任大臣。我打算透過選舉由基層做起！
……
果然是是川先生……
不好意思打擾了……
……
事實上，小磯還在朝鮮當總督之時——

日本針對一九四五年十月的總選舉，發表了朝鮮地區的選舉辦法，即選出十五名眾議員，其中五名由朝鮮總督推薦，十名由選民選出。
小磯當時欲推薦是川，但卻被是川拒絕了。
我不能接受！
要我在朝鮮人手下做事，
那我乾脆辭職算了！
……
等等有班船要回日本，你就搭那艘吧！
走就走！氣死我了！
哇！
這個月第三個了吧。
自從是川先生把閔先生升到課長後，已經有兩個日本人辭職了。
……
我們公司偏偏就是和其他的日本公司不一樣！哈哈。
……

閔先生，這裡有人坐嗎？
是……
是川先生？
哎呀，幹嘛這麼緊張？
你的飯菜怎麼動都沒動？
……
……這個月已經有三個人走了。
我真的能勝任這個位子嗎？
……
什麼朝鮮人、日本人的！那都不重要啦，拿出你的能力吧！閔！
是川先生！
喂，這裡有位置啊！
為了提高朝鮮員工的知識水準，是川還設立了學校，讓他們能夠接受最起碼的小學教育。

然而，命運的時刻最終還是來臨了……
一九四四年十一月起，美國B-29轟炸機對東京展開空襲。一九四五年三月九日、十日連續二天東京大空襲，使東京四〇%化為焦土。
四月，美軍登陸沖繩，同時，小磯國昭內閣也被迫總辭，小磯的總理生涯前後僅持續了十個月。
一九四五年八月六日，美軍在廣島投下原子彈；八日，蘇聯背棄日俄中立條約，向日本宣戰；十五日，日本宣布無條件投降。
日本戰敗之後。是川集團的三家企業：是川礦業、是川製鐵與北鮮開拓興業，全被沒收。是川家也被朝鮮警察闖入，搜走了所有的金錢、家具，所有個人的財產也全被沒收。

在這場戰爭中，我全力協助——
日本帝國增強軍力。
在朝鮮人眼中，我無疑是個標準的軍國主義者。
是川銀藏！訪客！
……咦？
你大概會是我最後見到的日本人吧。
他們是要吊死還是槍斃我呢？
別瞞我喔！
是川先生……
……
不知道該怎麼說才好……

這簡直是奇蹟啊！
立即釋放是川先生！
處死是川先生，只會讓朝鮮新政府的名譽掃地。
這是是川集團數百名朝鮮員工的連署書！
……
是川先生與其他日本人不同！
我們朝鮮籍員工都受到他非常多的照顧！

還有許多朝鮮員工說：「日本人中，了解朝鮮人唯有是川銀藏一人。」
大戰結束後，是川集團中的朝鮮員工還組成了名叫「是川會」的聯誼會，其中有些人，戰後因生意關係數度到日本時，都會順道去拜訪是川。
他們也邀請是川回去看看重建後的朝鮮。然而，是川從來沒有回朝鮮過。因為他始終無法忘懷當年被逮捕、監禁時所受的屈辱。
逃過一死的是川，在一九四六年告別了朝鮮以及短暫的從政之夢。

第六章

二期稻作實驗

……

面對困境，絕不服輸，

努力的人絕不孤單，

全心全力投入，必有回報！

一九四六年一月，是川被釋放後，帶著妻小回到了日本的山口縣仙崎港。

啊！久違的日本……
……
可是……
在街上，是川看到戰敗留在每個日本人的臉上──
一張張垂頭喪氣、失魂落魄的臉，對於未來充滿了不安。
Get Out!!
太過分了，就這樣開車進入市集！
危險！是美軍！

駐日美軍……
日本……該不會從此只能任美國宰割吧。
……
!!
父親……
父親！
沒問題的。
只要身體健康，就有辦法活下去！
面對困境，絕不服輸的是川，這更加深了他的鬥志！

是川帶著家人來到玉造溫泉休息幾天，打算之後回到兵庫縣的老家去。
為了解戰後情勢，他向旅館要了一份報紙。
這根本就是美國對日本的占領策略！
豈有此理？
麥克阿瑟元帥文告：今後日本的重建，必須放棄武力，發展成像歐洲瑞士一樣的文化國家。而以糧食生產能力及資源分布狀況，四千萬人應為日本最適人口。因此，為了復興日本，首先必須限制人口。
日本以水稻為主，每年大都只能收穫一次。日本研究糧食的專家也認為，以日本的農業技術，的確做不到糧食自給自足，因而贊成麥帥的政策。
經過一次戰敗，又能再翻身的都是些人口多的民族。
盎格魯撒克遜、俄羅斯、日耳曼等民族無不是如此。
限制人口後，日本就永遠無法從戰敗中翻身啊！
可惡！

有什麼辦法可以增加糧食供給？
……
!!
對了！我記得，
四國的高知，那裡的水田一年可以收割兩次！
為什麼那裡的水田可以比其他地區多一次呢？
如果能知道這個……
就有機會讓日本水田都年穫兩次！
糧食自給自足的問題就可以解決了！

爸媽很掛念你呢……
你就和我們一起回兵庫縣，再去高知也不遲啊。
你告訴爸媽我很好，忙完馬上就回去了。
送妻兒們上路後，是川則朝反方向——高知縣前進！
這可是日本能不能從戰敗中復甦的關鍵啊！
是川之所以深信會成功……
除了知道香長平原能收獲二次外，另一方面，還有他在朝鮮的經驗。
二期稻……
二期稻……

為了應付戰爭，小磯總督希望是川的公司能幫忙開發白頭山山麓的高原地帶。
那裡海拔一千公尺，位於北朝鮮與中國的國境，夏季異常乾燥，冬季則極為寒冷，氣溫低於零下四十度。因此，一般人都認為，這個地區根本無法發展農業。
是川派了調查隊前往當地勘察，發現在那駐紮的軍隊，是以紅丸馬鈴薯為主食……
於是，是川立刻進行白頭山高原地帶的開發與「紅丸」的栽培。
注：白頭山是北韓慣用的稱呼，但中國習慣稱「長白山」，是中國和北韓的界山。
就在農業專家不看好之下，是川成功地完成任務！

那次的經驗給了是川不少的啟發。
在那樣的不毛之地也可以種植糧食。以現在的農業技術，一定還有更大的發展空間。
如果當時在朝鮮，可以辦得到的話……

在日本一定也行的！
是川前往日本的高知縣，尋找一年二穫的答案。
外面有個穿著髒兮兮軍服的傢伙，說是你的朋友……
朋友？
軍服？我看是哪個流浪士兵想要討東西吧！
喂，走開走開——
咦？你不是是川嗎？
不好意思，突然來打擾了！

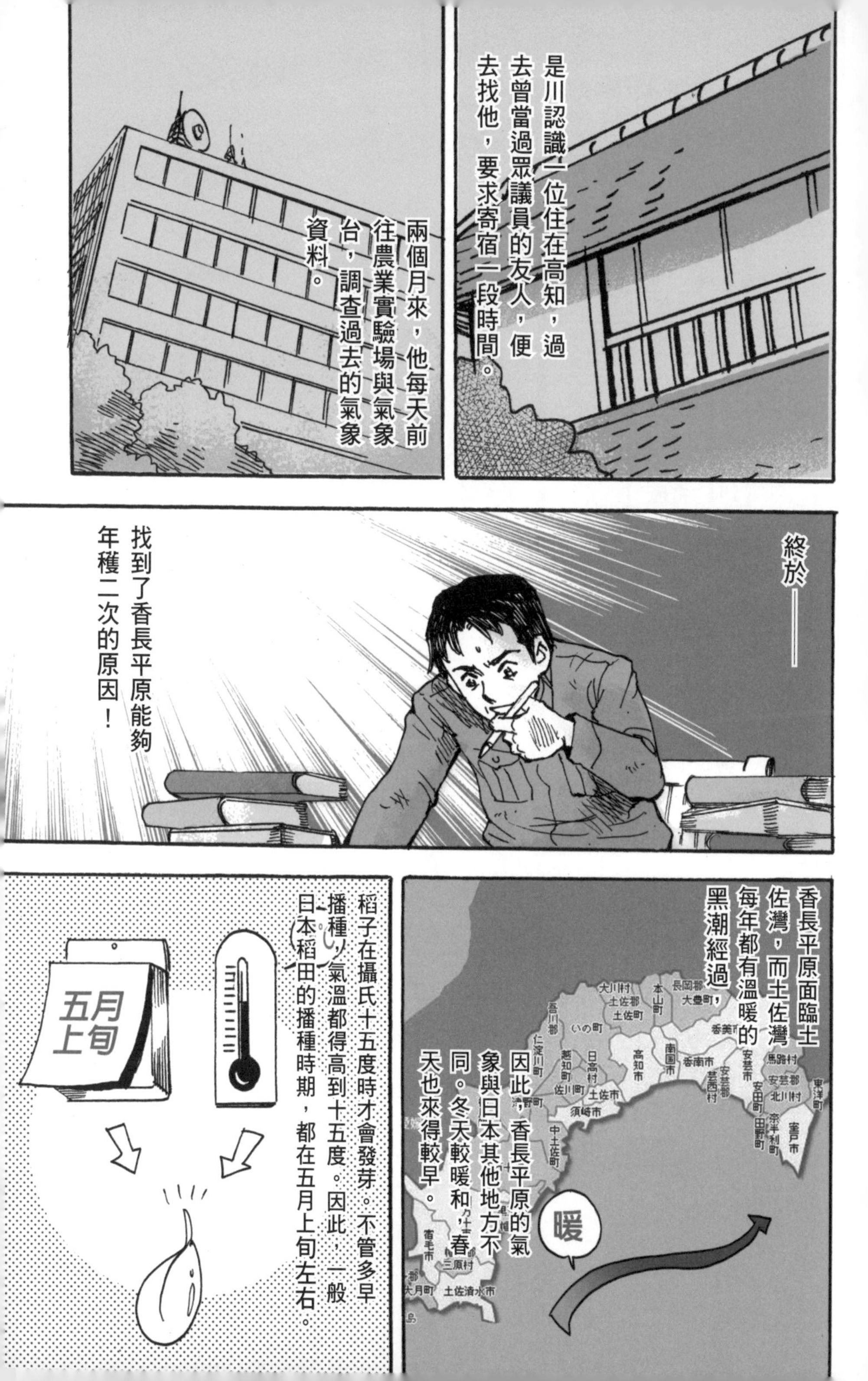
是川認識一位住在高知，過去曾當過眾議員的友人，便去找他，要求寄宿一段時間。
兩個月來，他每天前往農業實驗場與氣象台，調查過去的氣象資料。
終於——
找到了香長平原能夠年穫二次的原因！
香長平原面臨土佐灣，而土佐灣每年都有溫暖的黑潮經過，
因此，香長平原的氣象與日本其他地方不同。冬天較暖和，春天也來得較早。
暖
大川村
本山町
長岡郡
大豊町
土佐郡
土佐町
吾川郡
いの町
香美市
仁淀川町
越知町
日高村
高知市
南国市
香南市
安芸市
馬路村
安芸郡
北川村
東洋町
芸西村
安田町
佐川町
土佐市
須崎市
奈半利町
田野町
室戸市
中土佐町
宿毛市
三原村
大月町
土佐清水市
稻子在攝氏十五度時才會發芽。不管多早播種，氣溫都得高到十五度。因此，一般日本稻田的播種時期，都在五月上旬左右。
五月上旬

鳥取
島根
京都
岡山
兵庫
広島
山口
大阪
香川
福岡
愛媛
奈良
徳島
高知
大分
和歌山
宮崎
高知縣的香長平原卻因為黑潮經過，春天來得較早，到了四月初，氣溫便有十五度。因此，這兒的播種時期比其他地區提早了一個多月。
春天來得早的地方，秋天自然來得比較遲。香長平原的農民每年三月播種、插秧，八月初收割，八月中旬再種第二次稻，於十一月下旬收割。
播種的時期完全取決於溫度。只要提高溫度，就可以提早播種，二期稻作便有可能達成。
雖然這樣說，
但不是每個地方都有洋流經過啊……
這個我也想到了！

	香長	其他
3	播種／插秧	休
4	生長	播種／插秧
5	生長	生長
6	生長	生長
7	生長	生長
8	收割／播種／插秧	收割
9	生長	休
10	生長	休
11	收割	休

冷
熱
紙
日本的農家在培植蔬菜的幼苗時，都用油紙覆蓋在苗床上，以提高溫度促使種子提早發芽。
蔬菜可用這種方法，稻米也應該可行！
……
是川先生，你那身軍服……是不是也該換掉了——
感謝您這些日子的招待！
……啊？你要離開了？
喂——
我要趕快去東京的農林省，把我們的計畫告訴他們！

是川立刻動身前往東京，向農林省的長官們說明，並且希望可以得到幫助，來實現這個構想。
……
可是，是川先生，你之前不是一直都在朝鮮經營製鐵公司嗎？
是啊，我是在那邊經營製鐵。
製鐵與農業完全是二回事。你不懂農業，才會以為稻米一年可收二次，
在日本，那是不可能的。
氣死我了！
跟在朝鮮時一樣，一開頭就持否定態度，根本沒有認真聽說明！

如果理論無法說服他們，我就找農家來實作！
拜託你試試看吧！如果稻米可年穫二次，在黑市就可以有更多收入……
這怎麼可能，騙人的吧！走開走開！
……
結果沒有人願意幫是川實驗他的理論……

找不到任何一戶農家願意嘗試。或許他們顧慮一旦稻米增產之後，會喪失黑市米的暴利。
更何況我自己不是農夫，很難獲得他們的信任。
……
啊啊……怎麼辦才好呢？
連鹿兒島都去找過了……
接下來呢？
是到了要放棄的時候嗎……

還是……
自己親手種田？
答案再明顯不過了！
是川銀藏居所——
你……
你這身衣服是怎麼回事！
從朝鮮回來，就這樣穿了六個月都沒換洗嗎？
我太專心在研究了嘛……

啊！
媽媽哭了！
就算做研究，也要照顧好自己啊……
抱歉，下次不會了。
……
是川在那半年間，全副精神都投入二期稻作上，根本沒有心思去想其他事，所以才會有半年不換洗衣服的荒唐事。
是川先生，別來無恙……
自從朝鮮一別，不知現在先生在做什麼呢？
之前是川研究所的大夥回國後無事可做……

大夥都很希望能繼續在您手下做事，
是川先生……
大家都回來了啊……
……
雖決心自己來做二期稻作的實驗，但為了家人與部屬，是川必須趕緊先賺點錢才行。
櫻島……

住友金屬礦山公司在瀕臨大阪灣的櫻島，有個工廠，這個工廠由於生產零式戰鬥機的零件之故，
在戰爭末期，被美國轟炸機B-29炸得面目全非，至今仍舊維持原狀。是川聽到此事後，立刻前往櫻島。
為了籌措重建公司所需的資金，想將這些資材賣掉，
得先將壓在資材上面的馬口鐵板搬開才行。
好了，可以走了！
了解！

這些馬口鐵板要運到哪兒？
喔？
啊啊……感覺真可惜。
要運到港口，裝船後再運到外海丟棄……
是川先生，好久不見了。
在朝鮮經營製鐵公司時，託你們照顧了……
你們不是要把馬口鐵板丟到海裡嗎？能否交給我處理？
?!

朝鮮的公司都沒了，歸國的舊幹部們正為生計煩惱，因此想替他們找點事做……
我們丟棄的馬口鐵板，你要拿去做什麼？
這我自會處理。我保證將馬口鐵板收拾得乾乾淨淨就是了。
……
……
好吧！就交給你處理。
不過，不能免費送你，多少出點錢吧！
謝謝你了！
是川在離櫻島工廠不遠的大阪市北區，租一塊空地，做為修理馬口鐵板的臨時工廠。
然後找來一些人手，將馬口鐵板運到臨時工廠，將彎曲的地方弄直，破裂的地方修補，讓一張張馬口鐵板回復原狀。
數個月後——
是川先生人呢？

呼……呼……
啊……
是住友金屬礦山公司的……怎麼啦？發生什麼事了？
是川先生！
是川先生……聽說你日進斗金，生意好得很呢。這可都是託我們的福啊……
呵呵，不敢當啊。
是川以一張五圓的價格向住友金屬收購馬口鐵板。修理所需的工錢與材料費平均每張約三十圓，合計每張的成本約三十五圓。
5
30
修
35
而在黑市，馬口鐵板一張高達三百圓！
戰後，日本全國，無論哪裡都是廢墟一片。搭蓋臨時住屋所需的建材——馬口鐵板非常缺乏。
在一九二三年關東大地震發生後，是川當時立即收購馬口鐵板而大賺一筆。

一般人沒有注意到的死角，往往是商機所在。而如何把握稍縱即逝的機會，在別人還沒發覺前，搶先一步行動，則是勝利的關鍵。
別忘了！你的生意可都是託住友金屬公司的福啊！
你到底是來幹嘛的啊？
你好，這裡是……
……東京的貨送出去了沒？
馬口鐵板生意成功了，舊部屬有工作可做，是川也有餘力照顧家人了。
終於可以開始那個計畫了！

是川先生，您從山上運這麼多土下來做什麼？
我打算闢一塊田出來！
田地？
一九五一年開始進行稻米二期作的研究。
是川礙於非農民身分，無法購買土地，只好在大阪一處工廠內借了一五〇坪的土地，將工業用地整理成農業用地。
在這座工廠中間開闢田地？有沒有搞錯啊！

弄出一塊水田之後才是重頭戲！是川從在高知的研究了解到溫度對稻的影響。要讓二期稻作成功，必須使秧苗提早成長，因此得用一種特殊的油紙，覆蓋在秧苗上，造成保溫效果。而這種油紙在風吹雨打下，還不能破裂。但當時還沒有塑膠紙這種東西……
冷
熱
紙→
如何製造出保溫又不易破的油紙，便成為二期稻作成敗的關鍵！
啊啊──
題材……
題材……

……
是川先生！
是川先生，有位客人想見見您？
嗯？哪位啊？
不好意思突然來訪，是這樣的，貴工廠中間好像有塊水田？
是的。
那水田在今年夏天是不是已經收割過了？
你怎麼曉得？
我每天搭電車上班，看到貴廠內有一塊水田。一開始便覺得奇怪，怎麼稻子生長的時期比其他地方早，
到了八月，收割完後，同樣的地方又長出稻子。這是怎麼一回事？

那是因為我開發了一種特殊油紙。
油紙？
是川將始末說了一遍，如何找上農林省被拒、如何開發特殊油紙等等。
這就是第二期稻？真是太令人感動了！
一顆顆飽滿的稻穗……
這樣全日本的百姓，都能夠幸福的享用到白米飯了！

這實在是……
你……你還好嗎？
啊！
抱歉，還沒自我介紹！
我是朝日新聞農業線的記者！請您務必接受我的採訪！
朝日新聞社今後將全力協助您的研究！
朝日新聞的巨幅報導，立刻引起了全國的迴響。
の
作を
完成させた
二期稻作不只要成功，還要能推廣到各地才行！
第二天起，天剛亮，工廠的大門前就排著想進來參觀的一條人龍。雜誌社及眾多媒體記者紛紛爭相採訪。
第三天起，連日本各地的農家也趕來參觀。

恭喜！
恭喜！
但是，名氣雖大，
……
資金卻已逐漸用罄。
由於水田位於大阪市內只能用自來水灌溉，因此水費非常驚人。
當時，是川滯延未繳的水費已達數千圓，遭到水道局派員斷水……
請你一定要幫忙！
水費能否再通融一個星期？
這個我也不能做主啊……
拜託了！
求求你！

水道局職員無法做主，於是把是川帶到水道局與他的上司見面。
……
主管是一位名叫伊集院的課長，是川向他解釋事情始末……
你說，
你是因為被農林省拒絕，所以只好自己推動這計畫？
是的。所以務必請你們幫忙。
冷淡——
好，我知道了。今天就暫時不斷水，明日再派一名檢查員過去，以後的事就等檢查完畢再說。
……
……

……
嗯……
唉呀，這可真是麻煩啊……
!!?
是川先生，你這裡的水錶壞了，得換一個才行！
咦？
傷腦筋啊，這樣就無法算清楚水費了。
按照水道局的規定，用戶的水錶若故障，過去的水費便一律以基本費計算，每月只需繳一圓或二圓。

對了，有件事情要注意。
最近水管漏水的情形很多，如果在水錶前段漏水的話，水錶就不會轉了。
!!
是川先生，你也要留意一下，可別讓水管漏水喔！
那我就先回去了。
……
啊!!

真是非常……
非常感謝你們的提醒！
放水！
咯咯！
終於不用擔心水費的問題了。
太好了！
是彩虹啊。
咕嚕
咕嚕

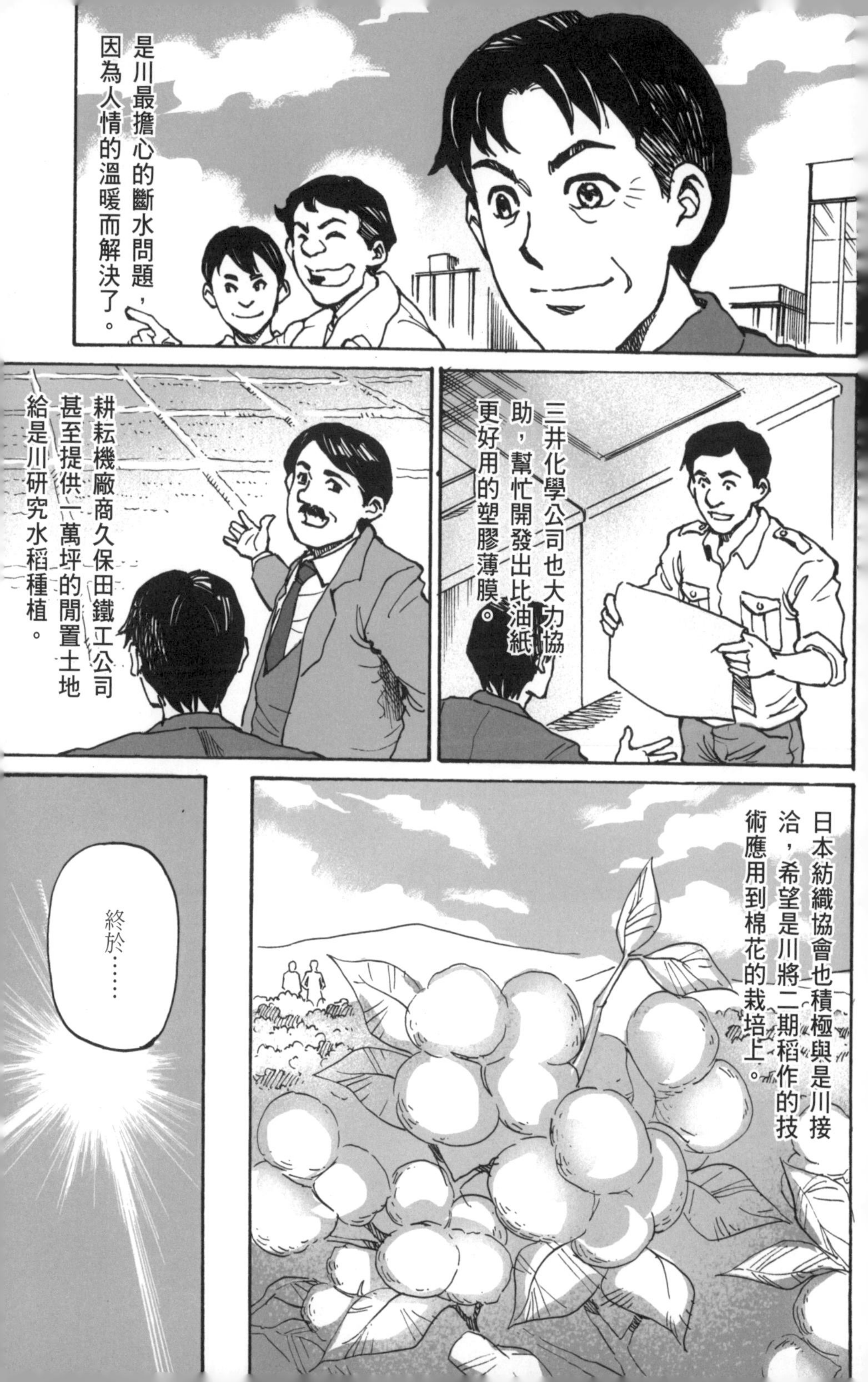
是川最擔心的斷水問題，
因為人情的溫暖而解決了。
三井化學公司也大力協助，幫忙開發出比油紙更好用的塑膠薄膜。
耕耘機廠商久保田鐵工公司甚至提供一萬坪的閒置土地給是川研究水稻種植。
日本紡織協會也積極與是川接洽，希望是川將二期稻作的技術應用到棉花的栽培上。
終於……

終於等到這一天了！
沙
沙
歷經了這麼多的困難……
終於……
是川先生！
嗯……

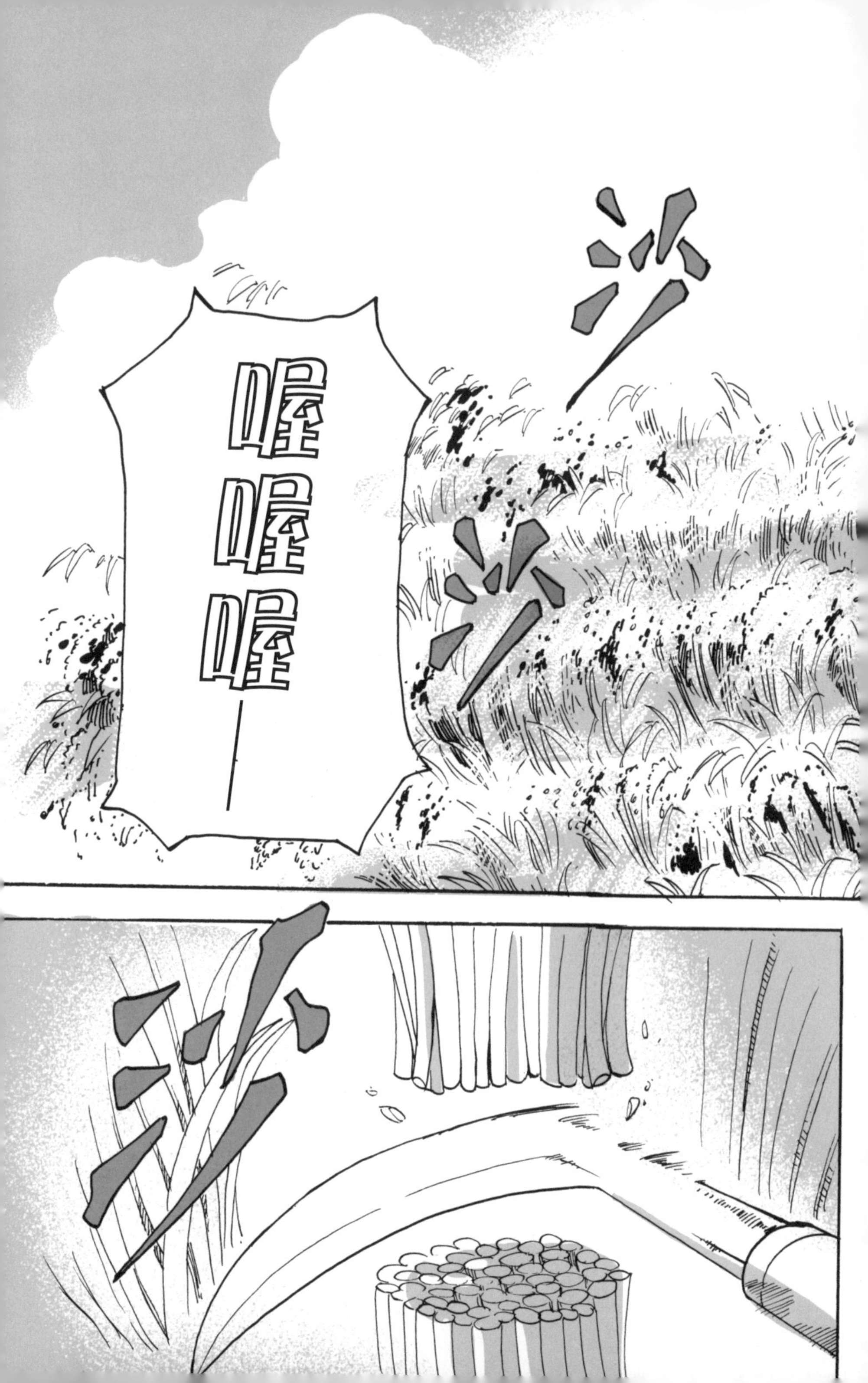
喔喔喔——

各位，
日本的二期稻作終於完成了！
嘩！
嘩！

好美的夕陽啊！
媽媽，今天晚餐吃什麼？
要先去市場……
家裡的米用完了，幸好現在米價下跌了……
媽媽，那我們去買米！
當初因為麥克阿瑟的一席話，使得是川投入二期稻的研究……
如今糧食生產力大增，能讓一億的日本國民自給自足，是川絕對是功不可沒！

但是是川認為，二期稻作的成功，是因為日本社會上的溫暖人情……
三井化學公司、朝日新聞的記者、
水道局的伊集院課長、還有許許多多的朋友……
真的謝謝你們！
一九四六年是川回國後，決定從事二期稻的研究。從一九五一年開始執行，
直到一九六〇年，十四年光陰過去了。

然而是川的人生，並不像多數人一樣，只在一個職業上貫徹始終，而是受時代與命運的撥弄。
喳嗟！
我回來了。
爸爸，你回來了！
可以吃晚飯囉，大家都在等爸爸呢。
但是，無論做什麼事，是川必定投注百分之百的心力全力以赴。如果不這樣，不僅做股票，做任何事都不會成功。
嗯……
一九六〇年的某日，是川決定放下大功告成的農業研究……
為了讓家人享受更好的生活，他要重回股市！這時候的是川銀藏已經六十三歲了……

第七章

股市之神的祕訣

買進要悠然、賣出要迅速，

謹記：烏龜三原則、只吃八分飽！

一九六〇年，是川想要回到股市。他到處籌錢，作為要投資的本錢。
三百萬圓……

到處向親戚好友借錢，總算湊足進入市場的基金了。
這筆錢一定要好好利用。
我得靠買賣的差價償還每月的利息與本金，還要供給一家大小的生活費與學費……
這次的復出，只准成功不許失敗！

是川全神貫注，發揮最高的智力，萬分慎重地進行買賣。
他謹守投資股票最重要的原則——
烏龜三原則
投資股票就像兔子與烏龜的競賽一樣。兔子因為太過自信，被勝利沖昏了頭，以至於失敗。另一方面，烏龜走得雖慢，卻是穩紮穩打，謹慎小心，反而贏得最後勝利。因此，投資人的心境必須和烏龜一樣，慢慢觀察，謹慎買賣。
所謂「烏龜三原則」，就是——
ZZZ

1
選擇未來大有前途，卻尚未被世人察覺的潛力股，長期持有。
紡織類股這幾天持續徘徊在低點，
雖然紡織類股走勢低迷，但是這公司有穩定的貨源。
而且氣候變遷的影響今年會持續擴大。
加上庫存的原料數量來看，這公司是個值得投資的對象！
是川先生，這支很冷門耶，你確定嗎？
確定，幫我買就對了。
半年後——
是川先生果真是料事如神……
沒想到這支股票竟然漲到這種價位。
能看得出長遠價值，並搶得先機是最重要的。

2
每日盯牢經濟與股市行情的變動，而且自己下功夫研究。
是川先生，你幹嘛每次都做圖表，看這麼多的報告啊？
要投資股票就要下功夫做研究。標的的營運狀況，
全球經濟的影響，還有數據變化的比較啊……
唉呀，幹嘛這麼麻煩？
廣播、報紙和雜誌上就有許多的消息，我也很認真的聽取和閱讀了。
……
咦？啊！
為什麼？消息明明說會漲到年後的啊！
做了分析就可以看得出它後勢看跌了。

3
不可太過樂觀。不要以為股市會永遠漲個不停，而且要以自有資金操作。
一直漲！一直漲！
這次肯定賺翻了！
機會千載難逢，趕快去融資一點錢再投進去！
千萬不可！
股市不可能永遠漲個不停，一旦下跌，融資的保證金繳不出來，可是會斷頭慘賠啊！
可是，這樣好可惜……
隔天盤勢急轉直下，股價下跌──
你看！
好險……

自第二次世界大戰結束起，到是川重回股市的這段期間，日本股市前後經歷了三次熱潮。
第一次熱潮是一九五〇年至一九五三年的韓戰。這場戰爭帶來的龐大需求，
使得日本的產業界訂單激增，景氣因而大好。
股市反映這項大利多。行情節節上升。東京證券道瓊平均股價，由一九五〇年七月六日的八五圓二角五分，直漲到一九五三年二月四日的四七四圓四角五分。在短短二年多的時間內，暴漲了五．六倍。

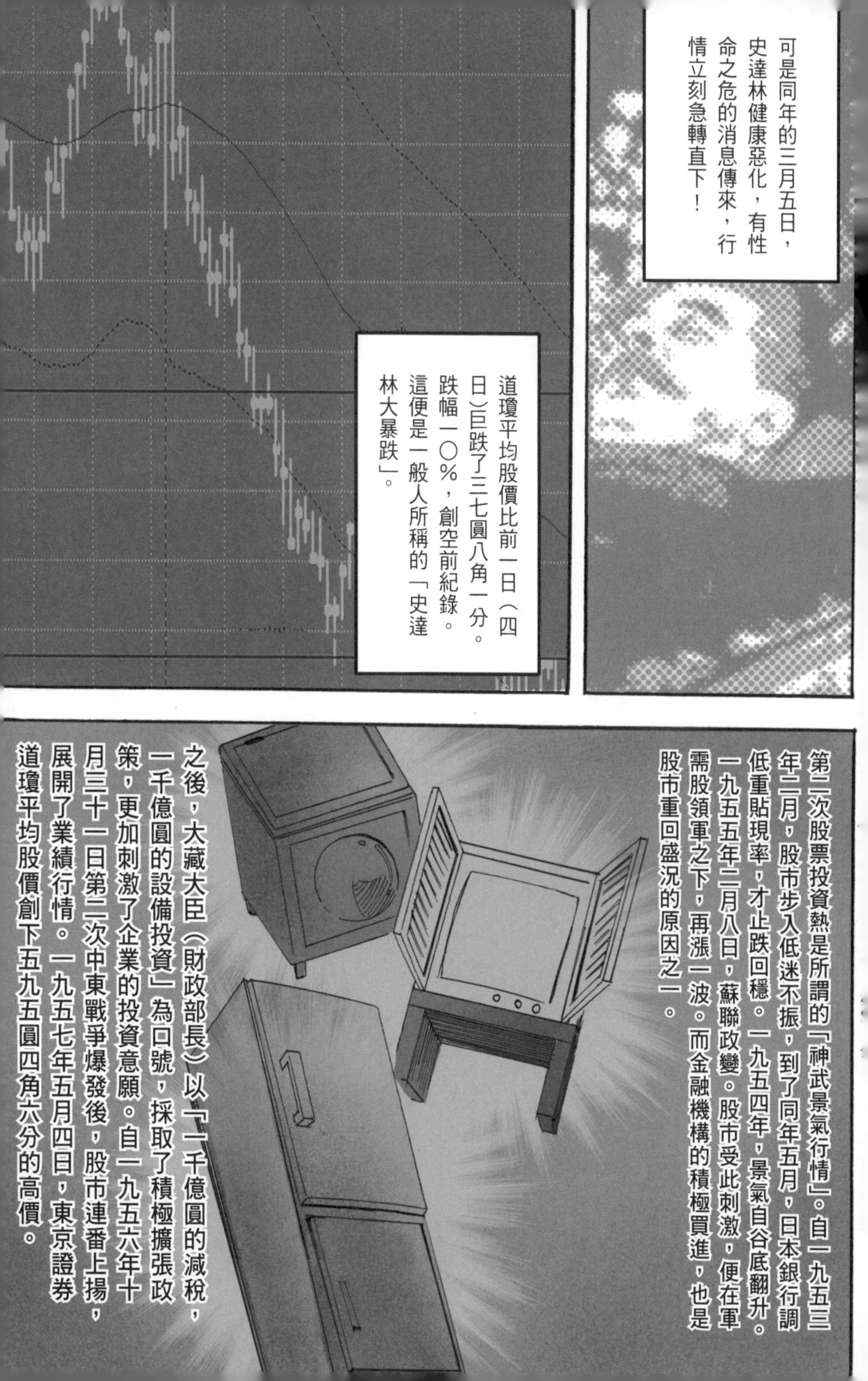
可是同年的三月五日，史達林健康惡化，有性命之危的消息傳來，行情立刻急轉直下！
道瓊平均股價比前一日（四日）巨跌了三七圓八角一分。跌幅一〇%，創空前紀錄。這便是一般人所稱的「史達林大暴跌」。
第二次股票投資熱是所謂的『神武景氣行情』。自一九五三年二月，股市步入低迷不振，到了同年五月，日本銀行調低重貼現率，才止跌回穩。一九五四年，景氣自谷底翻升。一九五五年二月八日，蘇聯政變。股市受此刺激，便在軍需股領軍之下，再漲一波。而金融機構的積極買進，也是股市重回盛況的原因之一。
之後，大藏大臣（財政部長）以『一千億圓的減稅，一千億圓的設備投資』為口號，採取了積極擴張政策，更加刺激了企業的投資意願。自一九五六年十月三十一日第二次中東戰爭爆發後，股市連番上揚，展開了業績行情。一九五七年五月四日，東京證券道瓊平均股價創下五九五圓四角六分的高價。

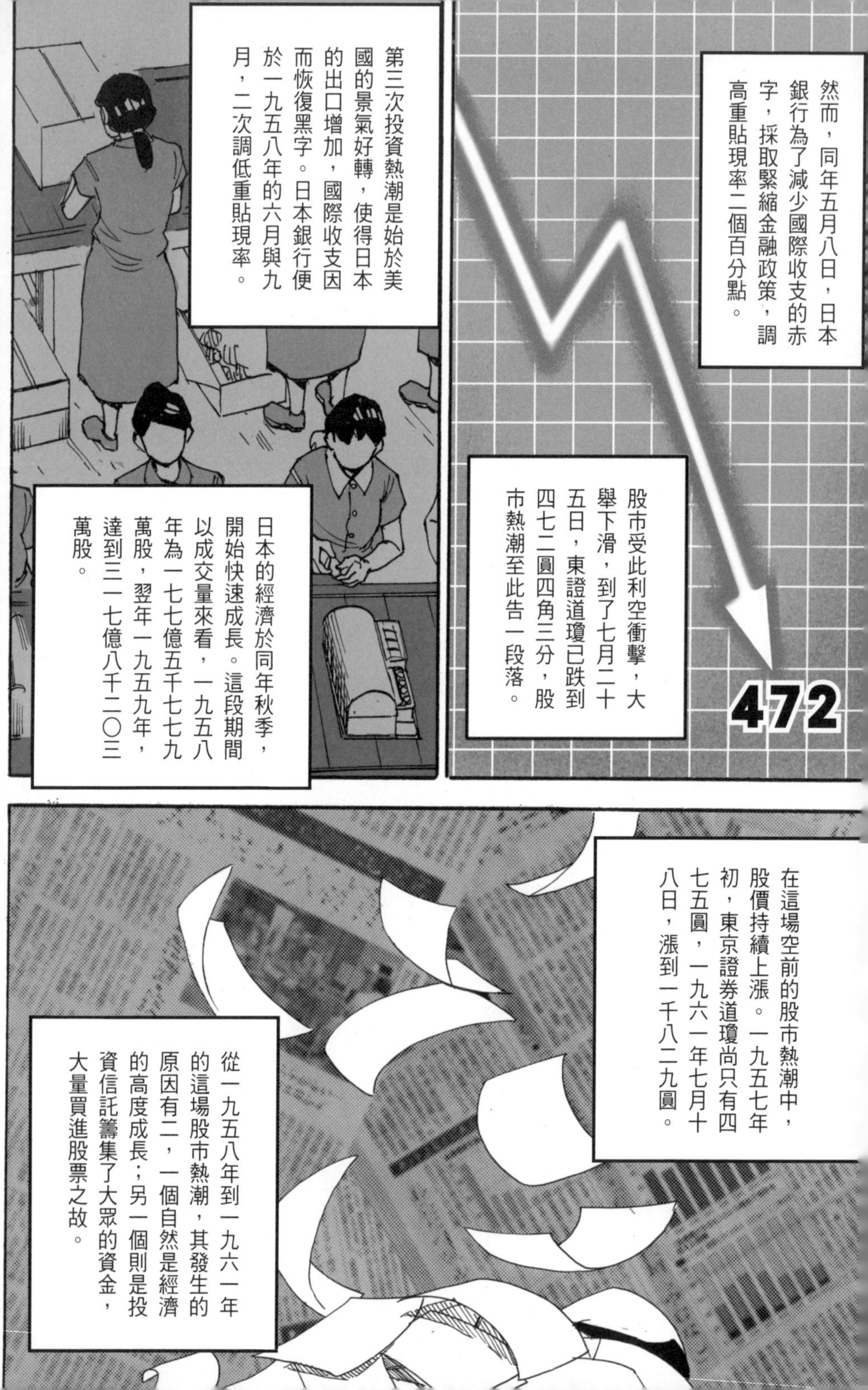
然而，同年五月八日，日本銀行為了減少國際收支的赤字，採取緊縮金融政策，調高重貼現率二個百分點。
股市受此利空衝擊，大舉下滑，到了七月二十五日，東證道瓊已跌到四七二圓四角三分，股市熱潮至此告一段落。
472
第三次投資熱潮是始於美國的景氣好轉，使得日本的出口增加，國際收支因而恢復黑字。日本銀行便於一九五八年的六月與九月，二次調低重貼現率。
日本的經濟於同年秋季，開始快速成長。這段期間以成交量來看，一九五八年為一七七億五千七七九萬股，翌年一九五九年，達到三一七億八千二〇三萬股。
在這場空前的股市熱潮中，股價持續上漲。一九五七年初，東京證券道瓊尚只有四七五圓，一九六一年七月十八日，漲到一千八二九圓。
從一九五八年到一九六一年的這場股市熱潮，其發生的原因有二，一個自然是經濟的高度成長；另一個則是投資信託籌集了大眾的資金，大量買進股票之故。

然而於一九六〇年回到股票市場的是川，關注的不只是股票……
岸信介內閣總辭，池田勇人上台組閣。
還有不動產——
一九六〇年七月，池田內閣成立後，發表了「國民所得倍增計畫」。
要將一九六〇年的GNP（國民總生產毛額）十三兆圓，提高到二倍——二十六兆圓。
企業界受此計畫刺激，紛紛進行設備投資，促成了日本經濟急速成長。
日本經濟可能免不了會有一場通貨膨脹……
土地一定會暴漲！

是川收集了全國各地工業區的建設計畫，仔細查閱後發現——
大阪市當局打算填埋堺市泉北的海，然後將其規畫成工業區。
堺市泉北的海……？
Sakai City
Naka Ward
該工業區完成後，需二萬名勞工。
若再把相關產業湧入考慮進去，則堺市人口將增加五萬人。
……堺市的近郊必須建設城郊住宅區才行。
需要具備哪些條件才能作為城郊住宅區呢？

交通網……
環境……
有哪邊符合這些條件呢？
是川覺得看地圖還不夠，便動手做了一個城鎮模型。之後，又跑到現場實際查看……
就這裡了！離堺市的東南方七、八公里處的丘陵地帶……

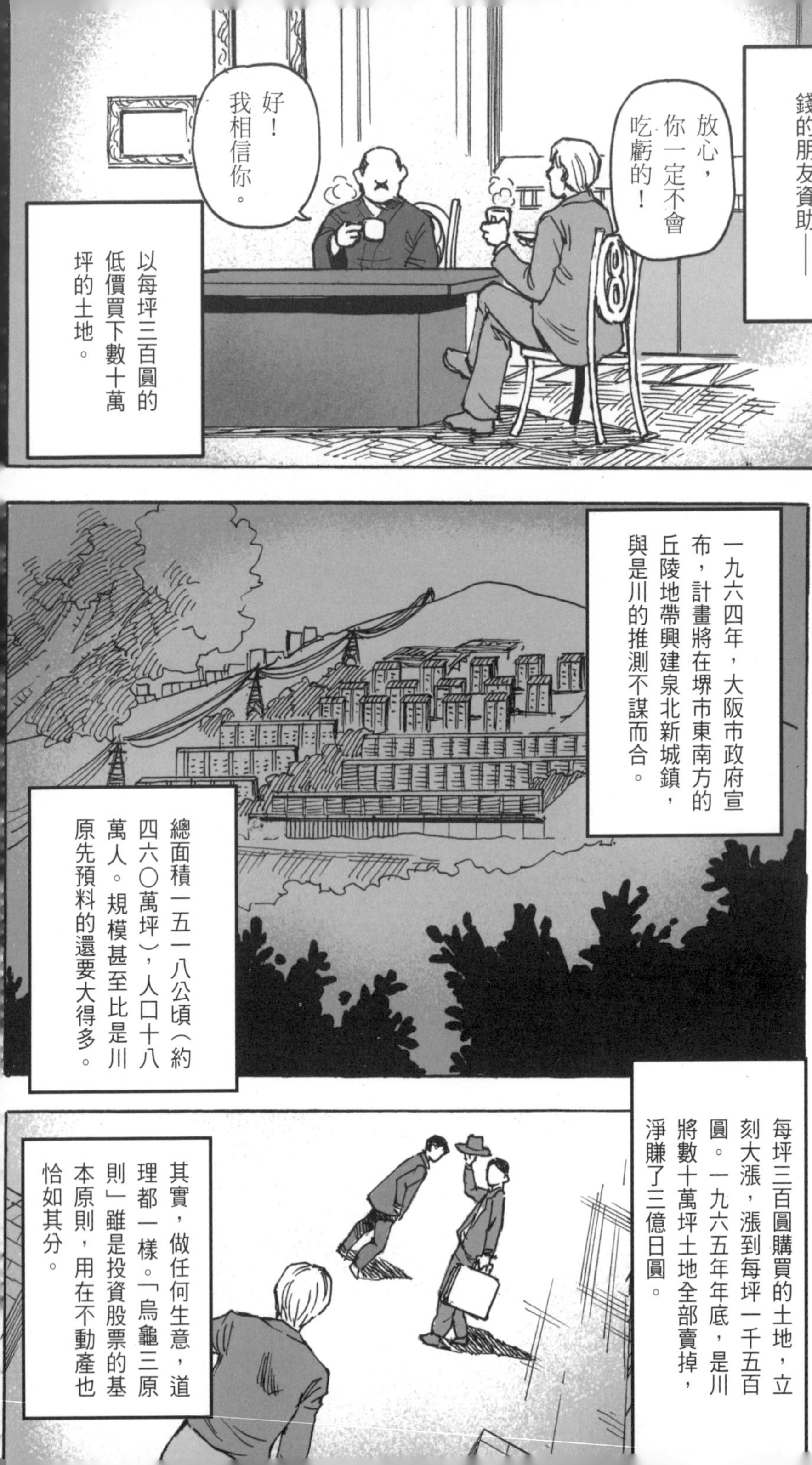
是川說服了一位有錢的朋友資助——
放心，你一定不會吃虧的！
好！我相信你。
以每坪三百圓的低價買下數十萬坪的土地。
一九六四年，大阪市政府宣布，計畫將在堺市東南方的丘陵地帶興建泉北新城鎮，與是川的推測不謀而合。
總面積一五一八公頃（約四六〇萬坪），人口十八萬人。規模甚至比是川原先預料的還要大得多。
每坪三百圓購買的土地，立刻大漲，漲到每坪一千五百圓。一九六五年年底，是川將數十萬坪土地全部賣掉，淨賺了三億日圓。
其實，做任何生意，道理都一樣。「烏龜三原則」雖是投資股票的基本原則，用在不動產也恰如其分。

唉……
雖然進帳三億圓。
可是，那些因缺錢賣土地給我的人，幾年之後眼看地價翻漲了數倍，一定會氣得跳腳、大呼上當……
以後再也不做這種會被人怨恨的生意了！
就將這三億圓投入股市，一決勝負吧！
帶著三億日圓，是川銀藏決定全心投入股市，邁入他人生最大的戰場。

一九七二年七月七日
田中角榮內閣登場——
捲起了日本列島改造旋風
日本列島改造論的主要著眼點是：將全國工廠重新配置，由臨海型的重化工業升級為內陸型的知識型產業，建設高速公路與內陸工業區，以促進農村工業化。

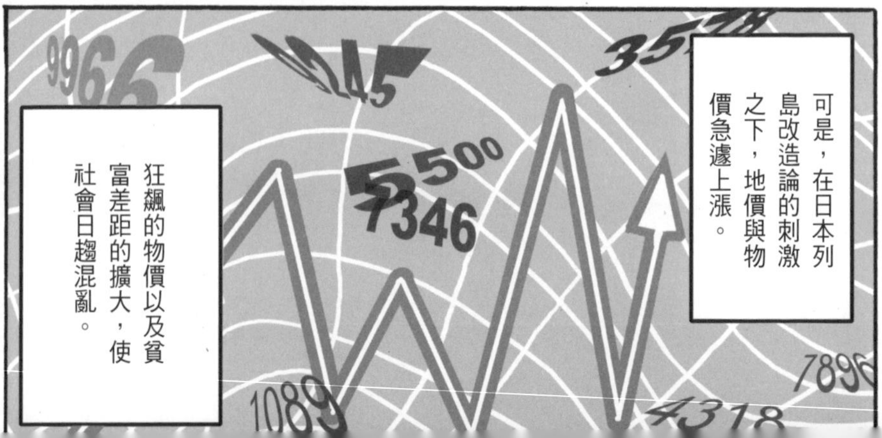
可是，在日本列島改造論的刺激之下，地價與物價急遽上漲。
狂飆的物價以及貧富差距的擴大，使社會日趨混亂。
9966
5500
7346
7896
1089

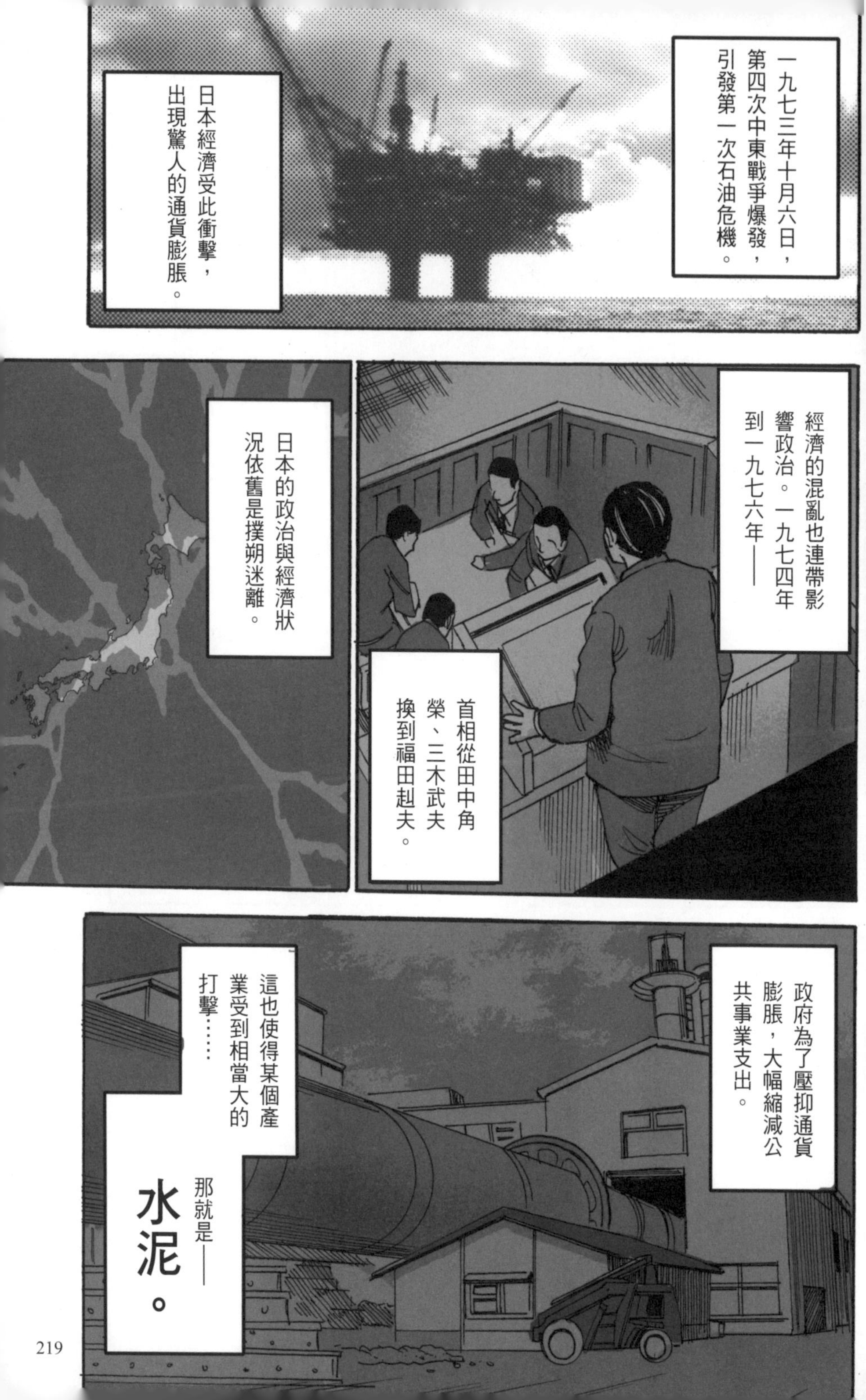
一九七三年十月六日，第四次中東戰爭爆發，引發第一次石油危機。
日本經濟受此衝擊，出現驚人的通貨膨脹。
經濟的混亂也連帶影響政治。一九七四年到一九七六年——
首相從田中角榮、三木武夫換到福田赳夫。
日本的政治與經濟狀況依舊是撲朔迷離。
政府為了壓抑通貨膨脹，大幅縮減公共事業支出。
這也使得某個產業受到相當大的打擊……
那就是——
水泥。

水泥的需求急遽下降。因此各家水泥廠，不是停工，就是縮小生產。更別提慘不忍睹的股價。
但卻有人看到它的前景——
自一九六六年，是川以三億圓為資金，投入股市以來——
到了一九七六年十月，資金已增加到六億圓。
他決定要將所有資金投入股市，轟轟烈烈的幹一場！
是川謹慎地觀察著——
因為「烏龜三原則」的首要精神就是「選擇將來可能大漲的股票，默默吃貨」。

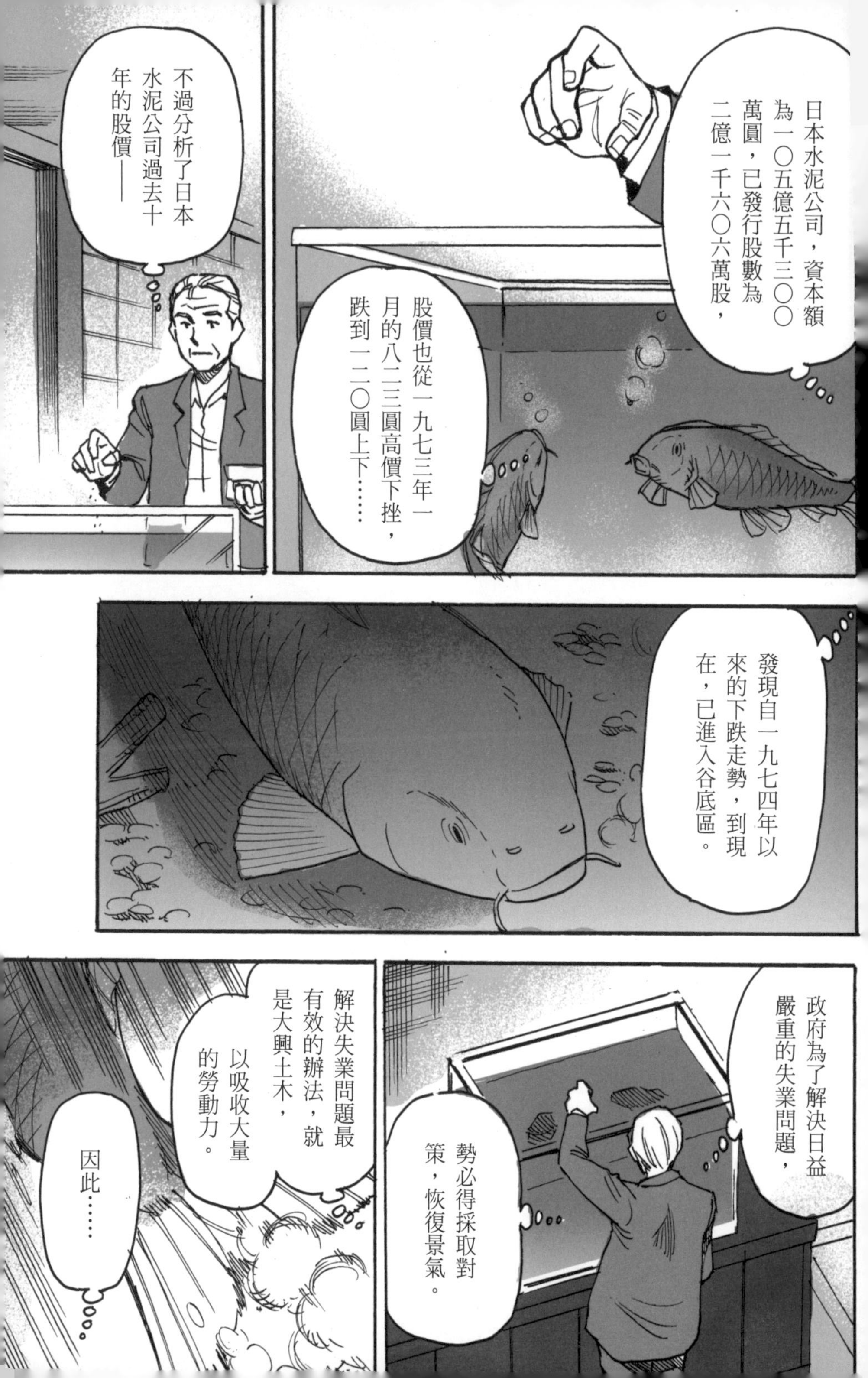
日本水泥公司，資本額為一〇五億五千三〇〇萬圓，已發行股數為二億一千六〇六萬股，
股價也從一九七三年一月的八二三圓高價下挫，跌到一二〇圓上下……
不過分析了日本水泥公司過去十年的股價——
發現自一九七四年以來的下跌走勢，到現在，已進入谷底區。
政府為了解決日益嚴重的失業問題，
勢必得採取對策，恢復景氣。
解決失業問題最有效的辦法，就是大興土木，
以吸收大量的勞動力。
因此……

水泥股必定會暴漲！
咚！
是川默默地逢低承接日本水泥股票，絕不追高。而且日本水泥擁有自己的石灰石礦山，在原料自給力上，業界無出其右者。是川更是放心地大量收購。
經過半年左右，也就是一九七七年五月下旬，手上的日本水泥已有三十萬股。
某一天——
您好，這是我的名片。
日本セメント
常務取締役
感謝您大量購買敝社的股票，成為敝社的股東。今天特來向您拜訪致意。
日本水泥公司大阪分公司的總經理？

請坐！
謝謝。
還特地跑來致意？事情沒這麼單純吧。
……
你們今天到這兒，是否奉社長之命，來打探我購買股票的目的？
不……不是，我只是想來向您致意。
我之所以購買貴公司股票，是認為將來景氣復甦，就必須擴大設備投資——
而設備投資一旦擴大，水泥的需求量自然會增加。如此一來，貴公司的業績便會好轉，股價當然也會隨之跟著上漲。

我是看準這點，才買貴公司股票，絕無奪取經營權或其他目的。
這麼說。
那真是……
原來如此，不過……
敝公司的股票真的會漲嗎？
我怎麼一點也不覺得會漲？
……
打擾您了！
我們告辭了，是川先生。
請慢走。
連公司的幹部都抱持如此悲觀的看法。
看來暫時不會有人跟我搶了。

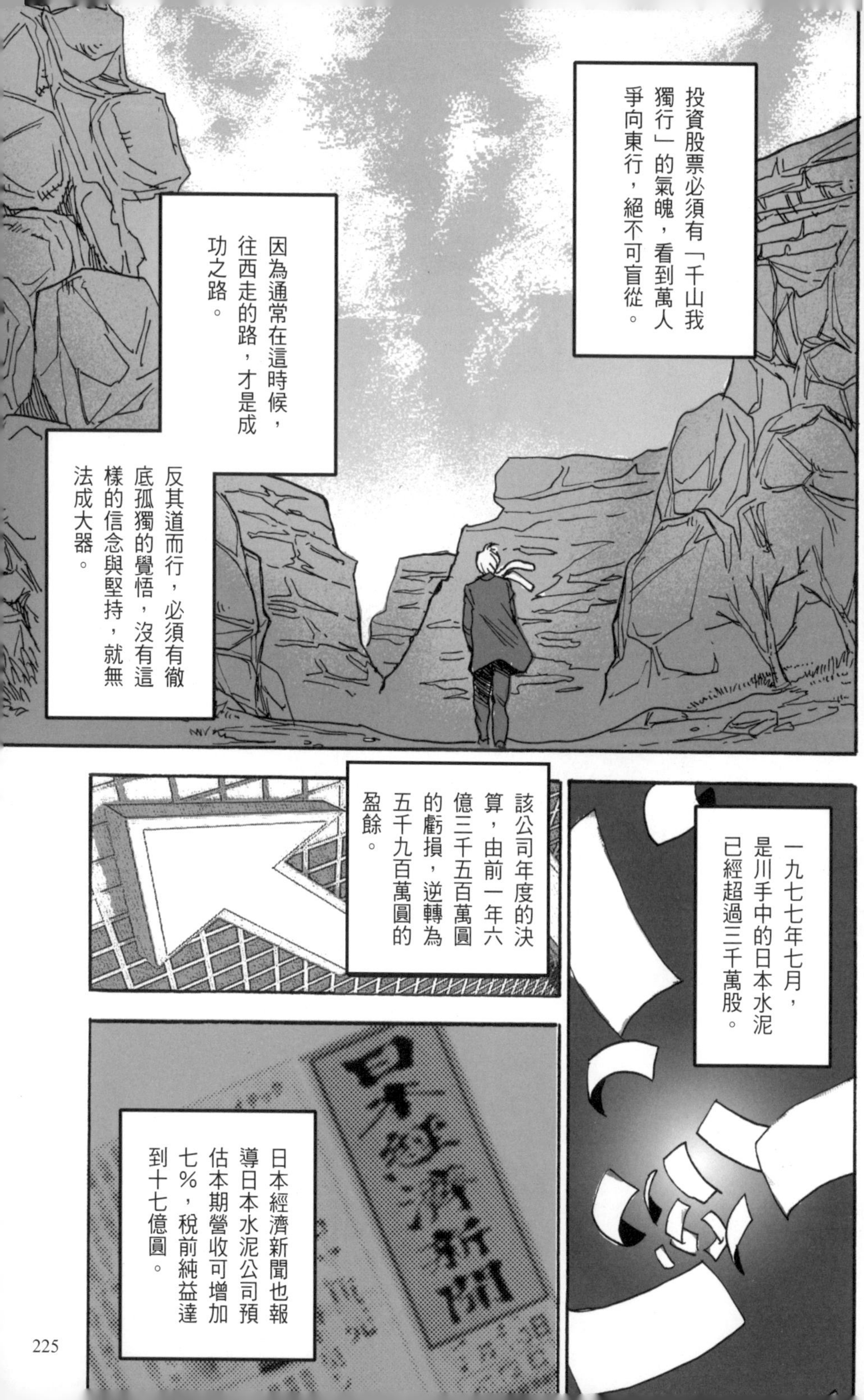
投資股票必須有「千山我獨行」的氣魄，看到萬人爭向東行，絕不可盲從。
因為通常在這時候，往西走的路，才是成功之路。
反其道而行，必須有徹底孤獨的覺悟，沒有這樣的信念與堅持，就無法成大器。
一九七七年七月，是川手中的日本水泥已經超過三千萬股。
該公司年度的決算，由前一年六億三千五百萬圓的虧損，逆轉為五千九百萬圓的盈餘。
日本經濟新聞
日本經濟新聞也報導日本水泥公司預估本期營收可增加七%，稅前純益達到十七億圓。

雖然股市當時因日幣升值及華爾街股市下挫的利空影響而欲振乏力，
但顯然，水泥業界的景氣已經逐漸復甦。
我的判斷絕對沒錯。
日本水泥的股價自六月二十一日以一二一圓收盤後，
鈴
鈴
緩步上揚，連續突破一三〇圓、一四〇圓關卡。
請問是是川銀藏先生嗎？
我是。
您好，我是——可以勞駕您上東京一趟嗎？

日本セメント
東京大手町
您來了，是川先生。
面色凝重～
我幫您拿衣服。
他們表情可真怪，看來根本不相信我購買股票的動機只是在賺取差價。
還勞煩您特地前來日本水泥總公司，實在是不好意思。
我是日本水泥公司社長原島保。
也難怪，確有一些不肖作手，搜購上市公司股票後，以奪取經營權為要脅，勒索上市公司。

是川當時握有一四・二%的龐大股權，無疑是日本水泥的最大股東。
你們還不了解我的真意嗎？
為了恢復景氣，政府遲早會追加大筆預算，
擴大公共投資。如此一來——
水泥當然會供不應求。因此貴公司的業績必會突飛猛進。
而且貴公司擁有水泥業界最大的石灰山，股價豈有不漲之理？
我購買貴公司的股票，只是認定它會漲而已，沒有其他目的。

現在的股價還算便宜嗎？
貴公司是日本最大的水泥公司，因此一旦景氣恢復，賺得也最多。
以貴公司的實力，股價六百圓也不過分。
哈……
哈……
如果能夠如此，那實在是最好不過了……
可是，政府真的會採取景氣復甦政策嗎？
這些人畢竟整天從早忙到晚，沒空研判政經局勢啊。

福田赳夫上台組閣後，便說：「明年將是經濟年。民間期盼景氣復甦的聲音，政府必須虛心傾聽。」
自民黨於一九七七年勝選後，召開黨內會議，正式商討景氣復甦對策。
公共工程的急增，水泥業界接了滿手的訂單，各家水泥廠雖然拼命趕工，
仍舊趕不上旺盛的需求。水泥嚴重不足——
不久，政府便發表，將編列一兆圓以上的大型追加預算，以刺激景氣早日復甦。
價格連番上漲。
開始了。

八月十二日，日本水泥股已漲到一六四圓。
十三日星期六，再漲一〇圓，為一七四圓。
十五日星期一，再漲到一七八圓，
成交量急遽放大到一七一八萬股。
164
174
178
是川一年前開始買進的日本水泥，大約在一二〇至一三〇圓之間，等到股價漲到一八〇圓時，便將三分之一的持股獲利了結。
多頭行情才開始，後勢仍看漲……
為了迎接未來的戰鬥，必須先儲備一些資金。
原島社長？
啊，好久不見，有什麼事嗎？

水泥業界果然如是川先生所預料。
擺脫了不景氣。真是佩服，佩服。
您過獎了。
其實，
是有事想請教是川先生。
日本水泥在北海道的新磯本來要蓋一間工廠。
後來因為景氣轉壞，蓋了一半便停工。
依您的看法，現在是否要繼續蓋呢？
……
問得好像我就是日本水泥公司的經營顧問……

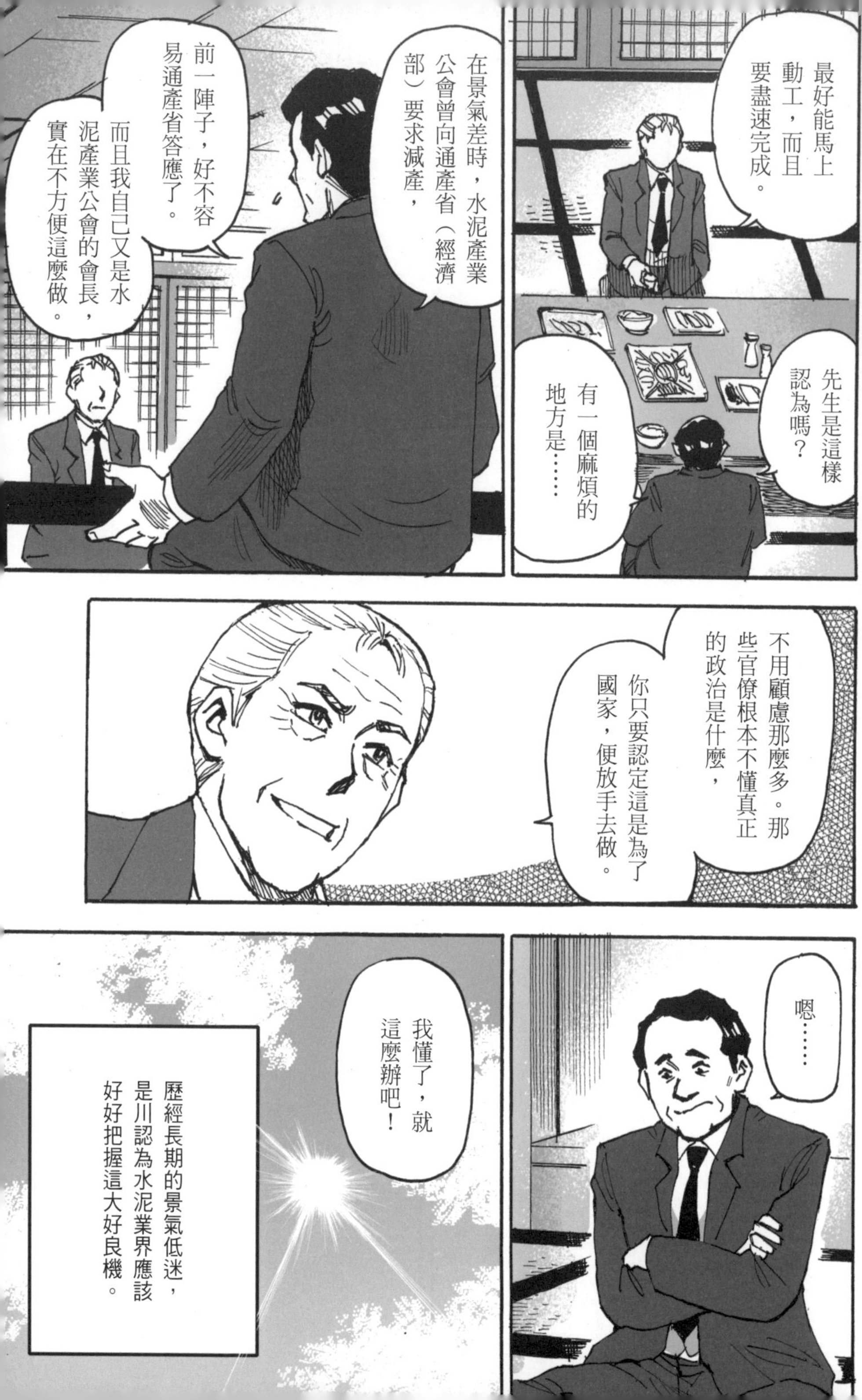
最好能馬上動工，而且要盡速完成。
先生是這樣認為嗎？
有一個麻煩的地方是……
在景氣差時，水泥產業公會曾向通產省（經濟部）要求減產，
前一陣子，好不容易通產省答應了。
而且我自己又是水泥產業公會的會長，實在不方便這麼做。
不用顧慮那麼多。那些官僚根本不懂真正的政治是什麼，
你只要認定這是為了國家，便放手去做。
嗯……
我懂了，就這麼辦吧！
歷經長期的景氣低迷，是川認為水泥業界應該好好把握這大好良機。

日本水泥漲到一八〇圓後，回檔到一六〇圓附近盤整。
180
160
有些證券公司的分析師開始看空，認為「漲勢已經結束了。」
然而在股市，
人氣與行情的走勢，
經常是相反的——
當人們認為漲勢已經結束時，往往另一波漲勢正在醞釀中。
而當人們以為還有得漲時，通常行情已近尾聲。

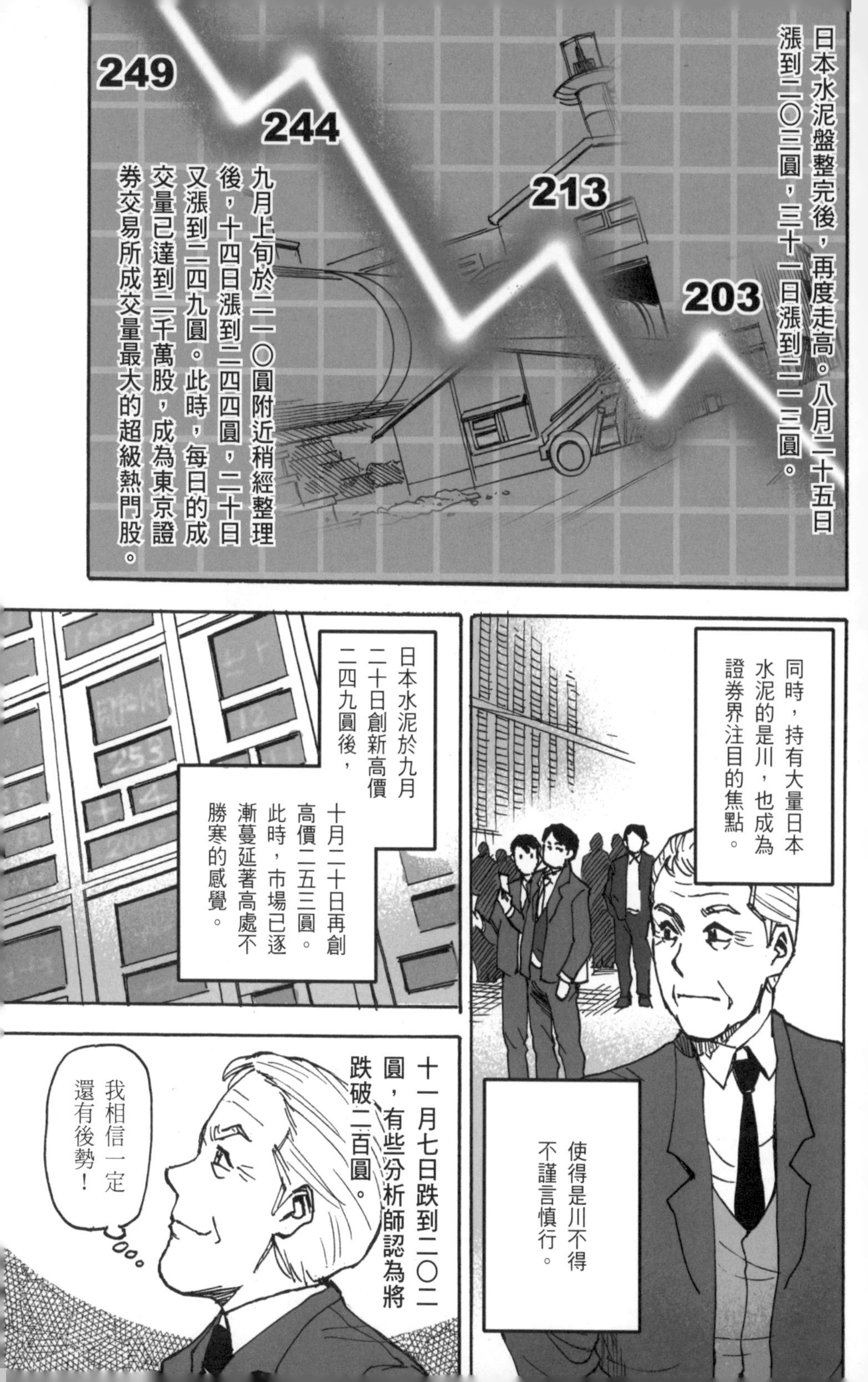
日本水泥盤整完後，再度走高。八月二十五日漲到二〇三圓，三十一日漲到二一三圓。
249
244
213
203
九月上旬於二一〇圓附近稍經整理後，十四日漲到二四四圓，二十日又漲到二四九圓。此時，每日的成交量已達到二千萬股，成為東京證券交易所成交量最大的超級熱門股。
同時，持有大量日本水泥的是川，也成為證券界注目的焦點。
使得是川不得不謹言慎行。
日本水泥於九月二十日創新高價二四九圓後，
十月二十日再創高價二五三圓。此時，市場已逐漸蔓延著高處不勝寒的感覺。
十一月七日跌到二〇二圓，有些分析師認為將跌破二百圓。
我相信一定還有後勢！

如是川所料——不久，報紙刊出水泥需求有增無減，售價可能由四百圓調高到五百圓時，
300
股價再度自十一月十七日起大幅上揚，沒多久，便突破了三百圓大關。
股市人氣正旺，市場一片看好之聲，
此時——
你確定嗎？是川先生？
現在漲勢正強，你卻要在此時賣出？
嗯，幫我賣掉日本水泥吧。

當市場一片看好之聲時……
上漲走勢可能已經離終點不遠矣。
可是……
福田，你記住——
股票投資乃是孤獨作戰。不盲從人群，何時買進、賣出，都是大學問。
日本水泥創下三三七圓天價後，便急轉直下。
不到半年，跌破了兩百元大關，之後還不斷地往下探底。

八分飽原則
投資股票，賣出比買進要難得多。
太好了，這支股票買的時候正是低點，這次賺到了！
還有空間漲，繼續漲！
繼續漲吧！
買進的時機抓得再準，
啊！不！
又從零開始了……
如果在賣出時失敗了，還是賺不了錢。

而賣出之所以難，是因為……
一般人不曉得股票會漲到什麼樣價位。
早知道就先賣了……
因此便很容易受周遭人所左右，別人樂觀，自己也跟著樂觀，最後總是因為貪心過度，而錯失賣出良機。
賣出
嗚!!
吃飯八分飽，沒病沒煩惱
投資股票也要收斂貪欲，適時的獲利了結才是。
太飽對身體不好，吃八分飽最健康。
嗚嗚……

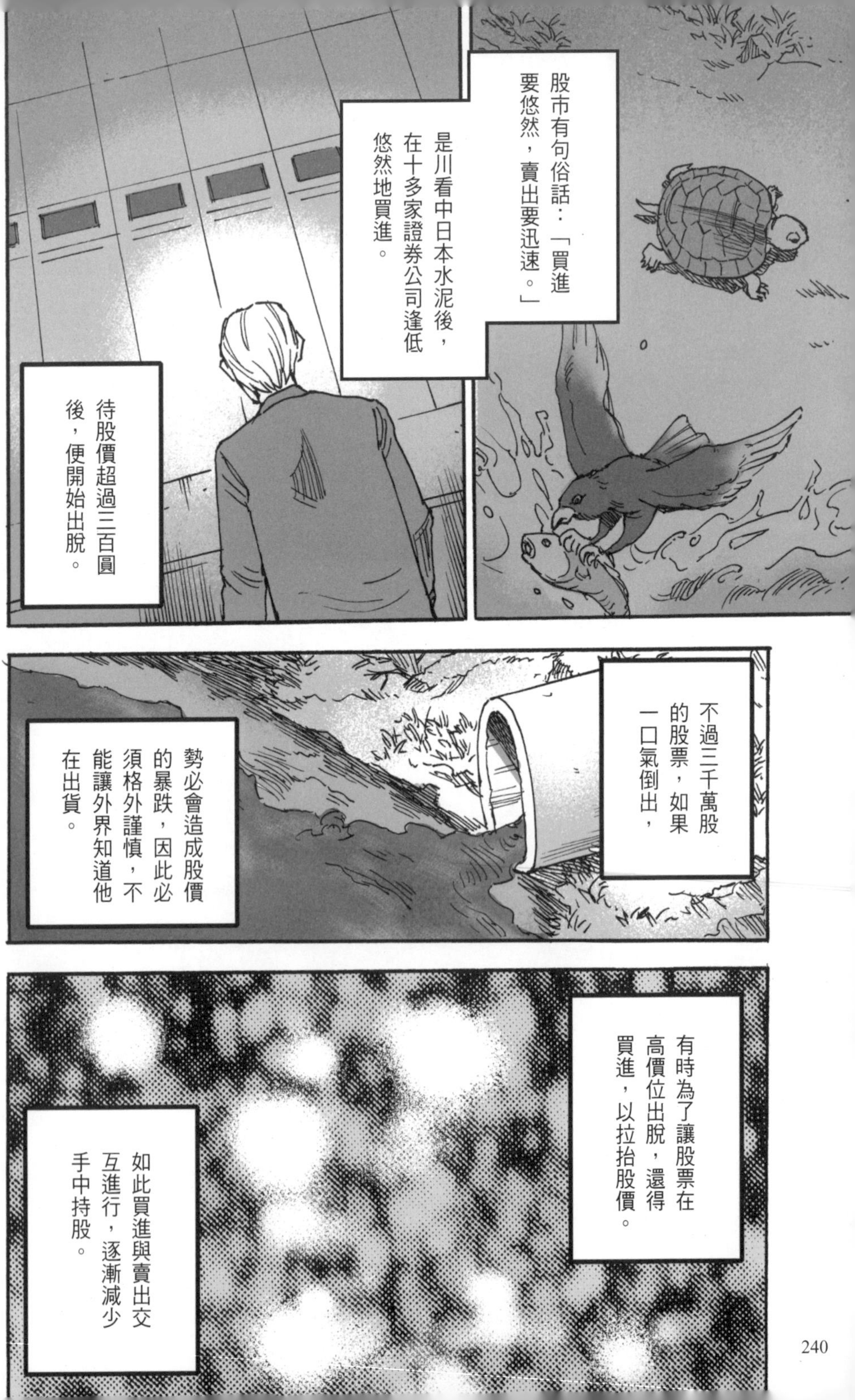
股市有句俗話：「買進要悠然，賣出要迅速。」
是川看中日本水泥後，在十多家證券公司逢低悠然地買進。
待股價超過三百圓後，便開始出脫。
不過三千萬股的股票，如果一口氣倒出，
勢必會造成股價的暴跌，因此必須格外謹慎，不能讓外界知道他在出貨。
有時為了讓股票在高價位出脫，還得買進，以拉抬股價。
如此買進與賣出交互進行，逐漸減少手中持股。

由於水泥業的業績蒸蒸日上，市場一片看好，各證券商也爭相買進，
因此每筆數百萬股地賣出，也毫不影響行情。
十二月底之前，是川賣掉了大部分的持股，剩下的也於一個月內清理完畢。
這三千萬股幾乎都是在三百圓以上的高價出脫。
是川以六億圓為資金，投資日本水泥。
經過二年多的時間，獲利高達三百億圓。

勝利的原因是在於——
他堅守了烏龜三原則與
吃八分飽原則！
選擇將來可能會大漲的股票，
默默吃貨。

等股價暴漲，市場人氣正旺時不忘「飯吃八分飽，沒病沒煩惱」的道理，收斂貪欲，獲利了結。
這就是股市之神的祕訣！

第八章

惡魔的誘惑

股市的行情如同惡魔一般——

隨時誘惑著你走入陷阱……

靜岡縣熱海——
一九七八年十一月

日本水泥二三七圓。
你等一下又要去東京的證券公司啊？
是啊。
你這邊住的還習慣吧？
這裡冬暖夏涼，景色又好。
很舒服啊！
糟糕！太悠閒了，
我要遲到啦！
今年的銅價……
那我出門了。
價格依舊低迷……
路上小心。

在逐漸賣出日本水泥的時候，
是川在靜岡縣熱海市，買下一間新建公寓。
以熱海為據點，每個星期赴東京股市一、二次。
到了月底則前往大阪股市活動。
到東京最初是為了能順利賣出日本水泥，
以成交量來看，東京股市的規模比大阪股市大八至十倍，因此一舉一動較不易為人察覺。
然而在出脫日本水泥時，
是川心中還存著另外的股票——
是川調查了過去二十年來非鐵金屬的行情與供給狀況……
注意到銅價的變化。
礦山股！

銅價曾一度漲到每噸八十萬圓以上，但是現在跌到三十萬圓。
照過去的走勢，銅價都是在暴漲與暴跌間起伏。
而且上次暴跌到現在，已經過了三年多，今後不可能一直在低檔盤旋，遲早會再度上漲。
由於銅價低迷之故，很多礦山因不堪虧損，已停止採礦。
按照過去的經驗，礦坑一旦暫時封閉，將來要再開工挖掘，得先花相當長的時間整修坑道。
如果將來世界上的什麼地方發生戰爭或是其他原因，而使銅的需求突然增加。
那麼，由於來不及增產之故，銅價一定暴漲無疑。
就決定是銅了。

首先，當然是挑選擁有礦山的公司。
是川立即調查國內的非鐵金屬上市公司——
最後找出兩家，分別是三井金屬礦業，
三井金属
鉱業株式会社
以及同和礦業。
同和鉱業
同和鉱業株式会社
同和礦業較為優越。此公司擁有銅、鉛、銀等非鐵金屬的礦山。
且其煉銅的業務占全日本二〇%，煉鋅、煉鉛則幾乎占一〇〇%。
同和礦業於一九七七年九月期中決算，虧損了十七億六千九百萬圓，
估計翌年三月的通期決算，將出現高達四十億圓的虧損。

同和礦業股於四月上旬創下當年的最高價一九一圓之後，就一直跌。
現在已經跌到一一〇圓了啦。
這家公司遲早要倒閉。哈哈！
當時銅的批發價為每噸三十萬圓，這是一九六五年五月以來的最低價。
一九七八年年初，是川開始買進同和礦業股，
價格約在一二〇圓左右，大都在丸莊證券公司買賣。
嗶！嗶！
05:30

嗯，上個月的成交量是……
鈴
鈴
喔，八點了嗎？
是川先生，早安。
早安。
今天倫敦非鐵金屬行情（LME）是……
等一下，我拿一下筆。

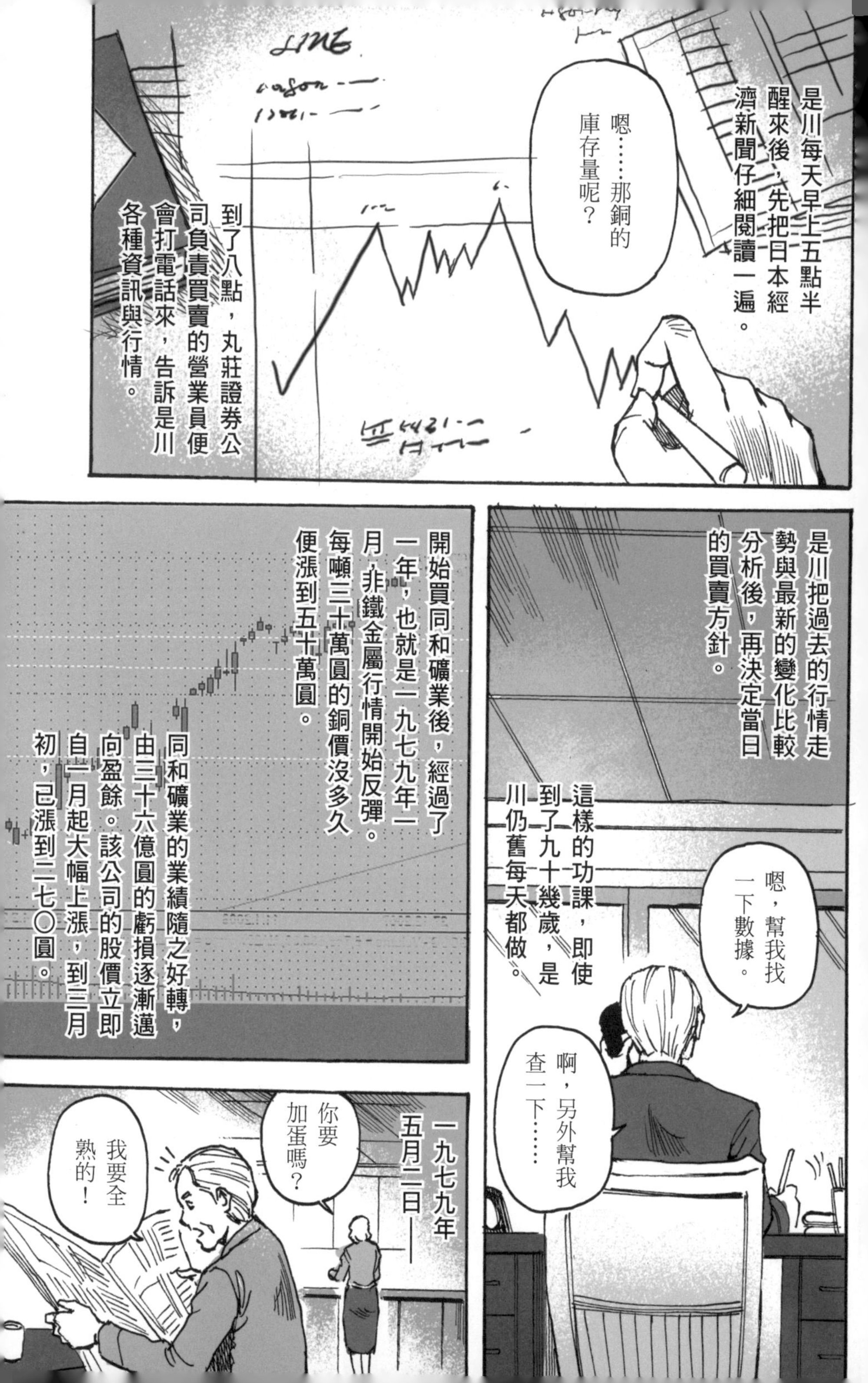
是川每天早上五點半醒來後，先把日本經濟新聞仔細閱讀一遍。
嗯……那銅的庫存量呢？
到了八點，丸莊證券公司負責買賣的營業員便會打電話來，告訴是川各種資訊與行情。
是川把過去的行情走勢與最新的變化比較分析後，再決定當日的買賣方針。
這樣的功課，即使到了九十幾歲，是川仍舊每天都做。
嗯，幫我找一下數據。
啊，另外幫我查一下……
開始買同和礦業後，經過了一年，也就是一九七九年一月，非鐵金屬行情開始反彈。每噸三十萬圓的銅價沒多久便漲到五十萬圓。
同和礦業的業績隨之好轉，由三十六億圓的虧損逐漸邁向盈餘。該公司的股價立即自一月起大幅上漲，到三月初，已漲到二七〇圓。
一九七九年五月二日——
你要加蛋嗎？
我要全熟的！

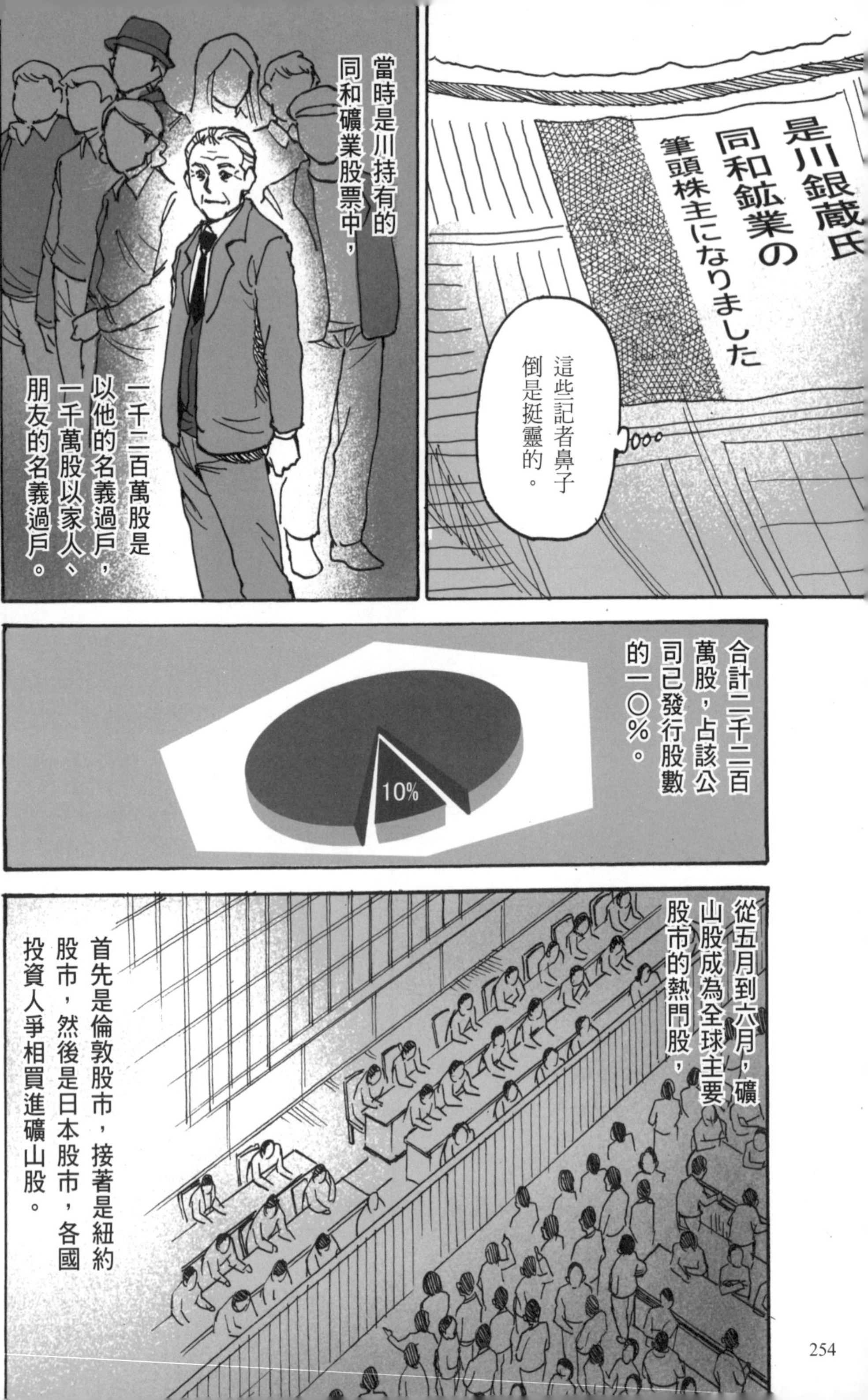
是川銀蔵氏
同和鉱業の
筆頭株主になりました
這些記者鼻子倒是挺靈的。
當時是川持有的同和礦業股票中，
一千二百萬股是以他的名義過戶，一千萬股以家人、朋友的名義過戶。
合計二千二百萬股，占該公司已發行股數的一〇%。
10%
從五月到六月，礦山股成為全球主要股市的熱門股，
首先是倫敦股市，接著是紐約股市，然後是日本股市，各國投資人爭相買進礦山股。

這兒的礦山都是屬於黑礦礦山，埋藏量大約有多少？
我們工程師預估約有三百萬噸。
每噸礦石的蘊含量呢？
大約含有金一・九四公克、銀一八〇公克，銅一・二三%、鉛四・三%、鋅一〇・一%……
五月中旬起，是川以同和礦業大股東的身分。
花一個星期的時間，到秋田縣北部的小坂、松峰、大館等地的礦山視察。
看來這家公司的業績還會繼續好下去。
絕不止於目前的狀況。

六月四日——
同和礦業過去三個月的業績，比預期的還要出色。
哇！同和礦業漲到三四四圓了。
現在雖然預估每月有二億圓盈餘，但是只要銅與鋅的價格能夠維持目前的行情，
今後每月的盈餘應該可以達到三億圓。
六月中旬，同和礦業宣布將於秋田縣的小坂精煉廠建設每月能精煉二千噸的設備。
前途一片看好！

你也想賺一筆的話，就買點同和股吧！
是川先生，你不是常告誡我們，投資股票要默默的進行嗎？
哈哈，新聞報紙都把我買同和股票的事寫這麼大了，隱瞞也沒用。
是啊。
同和礦業股打底完成後，開始上漲，十月九日漲到四〇九圓……時機差不多了。
你也買一點吧。
我沒錢啊！
五百圓！
股價若漲到五百圓我就開始賣！

是川持有三千萬股的大量股票，
他在等待市場氣氛很活絡，大家都認為還有得漲時，才能順利出脫。
就在這個節骨眼，倫敦非鐵金屬市場的銅庫存量只剩下八萬噸。
加上伊朗、伊拉克的政情不穩，以及二次石油危機，世界經濟跨入了動盪不安的時代。非鐵金屬行情因而連番暴漲。
但是股市的行情如同惡魔一般——
隨時誘惑著你走入陷阱……

那邊的枝剪掉
好可惜啊！
等一下，我去
拿東西來裝！
不用了啦。
真是……
新聞快報——
蘇聯與阿富汗戰況一
觸即發，蘇聯已派遣
三個師團以上的兵力，
咦？
集結在鄰近阿
富汗的邊境。

找到了！這個袋子很合適，
用它來裝吧。
孩子的爹？
這下子說不定會演變成大事件。
嘩！
如果爆發戰爭，
非鐵金屬行情必定火上加油，漲得更凶。

哈……
哈哈……
哇哈哈……
哈哈哈哈哈哈

一九七九年十二月二十八日
股市封關日
同和礦業以四二三圓收盤。
同和鉱業
423
+
16
4687
127
翌年一月四日，股市開紅盤
同和鉱業
450
+
27

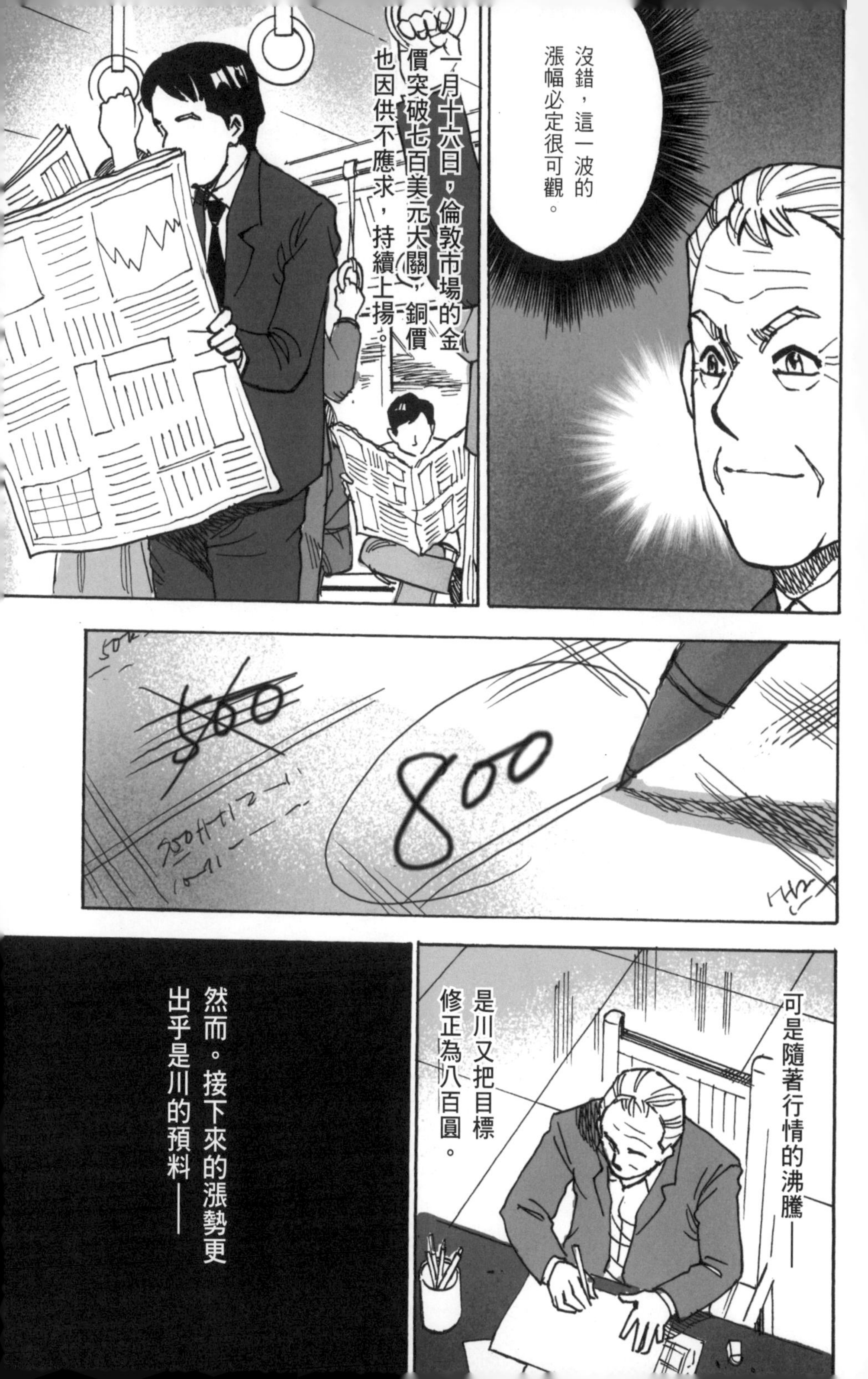
沒錯，這一波的漲幅必定很可觀。
一月十六日，倫敦市場的金價突破七百美元大關，銅價也因供不應求，持續上揚。
560
800
可是隨著行情的沸騰——
是川又把目標修正為八百圓。
然而。接下來的漲勢更出乎是川的預料——

一月十九日，星期六
同和鉱業
494
+
35
1648
二十一日，星期一
同和鉱業
604
+
53
2746
一月三十一日，星期四
同和鉱業
844
+
62
漲勢這麼凶，怎麼可能只到八百圓呢？
一千圓絕對沒有問題！

二月七日——
同和鉱業
900
76
此時，是川手中的持股已高達六千萬股，占該公司發行股數約三〇％。
還會繼續漲！
還沒到停止的時候！

行情還有得漲。
等股價過了一千圓，再做賣出的打算吧！

1500
1000
漲破一千大關是遲早的問題，
突破後，應該會繼續往一千五百圓挺進吧！
1500

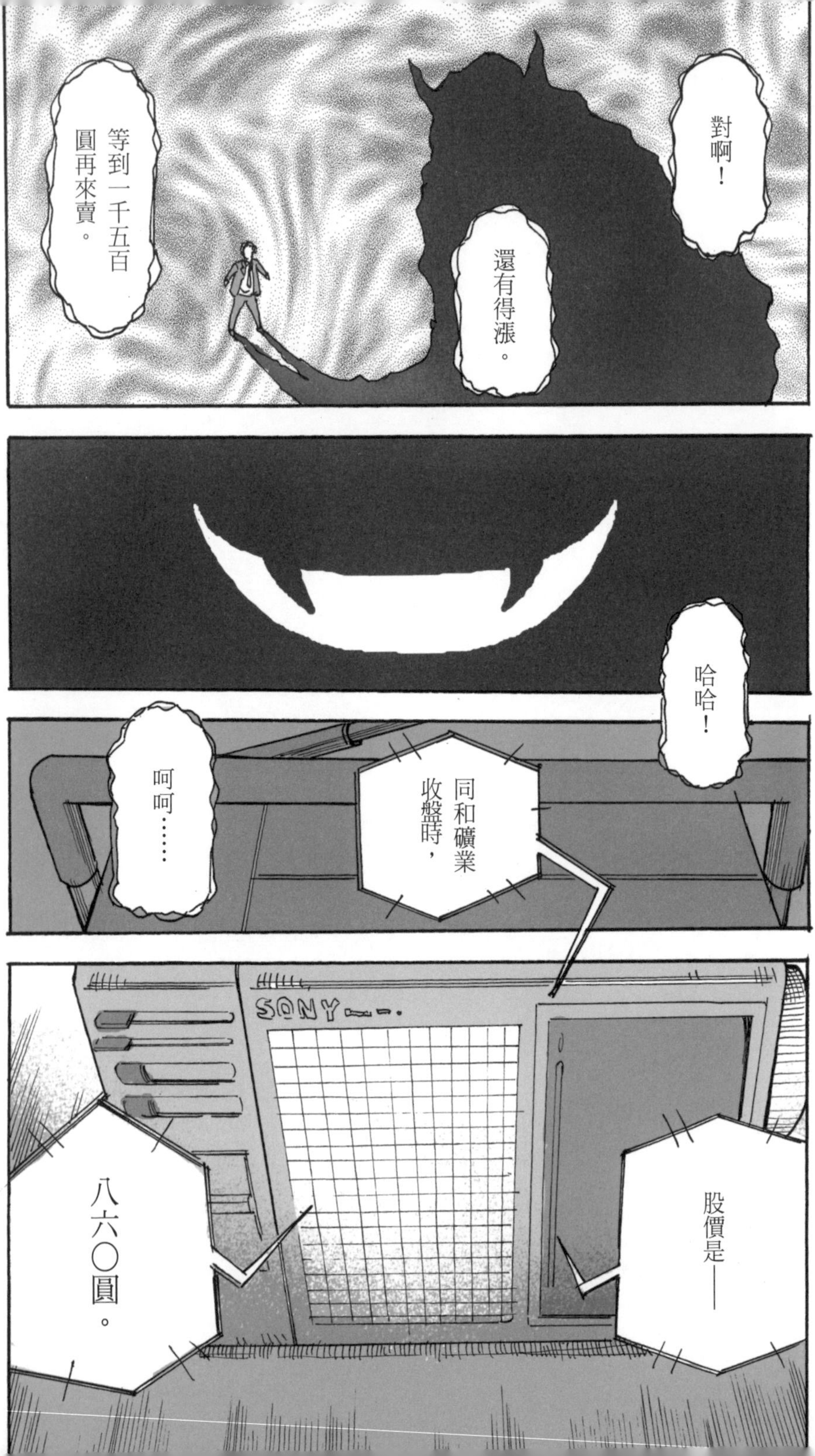
對啊！
還有得漲。
等到一千五百圓再來賣。
哈哈！
同和礦業收盤時，
呵呵……
股價是——
八六〇圓。
SONY

咦，下跌了？
短短一個多月的時間內，飆漲了將近二倍。
氣勢已盡，看來是要脫手了。
不要緊張，這只是盤整而已，要有耐心……
二月十八日
孩子的爹，吃飯了。
你先吃！
日本銀行宣布調高重貼現率……
從六・二五%調高到七・二五%，調幅一%！
這會給股市帶來很大的衝擊啊！

唰!
可惡！
三月十八日——
773
嘩
同和礦業要脫手？是，知道了。
您確定要一次賣完？
我知道了，馬上幫你處理同和股。
您的同和股要全數賣掉嗎？
同和礦業全部脫手？知道了。

糟糕了！
已經喪失脫出持股的機會了！

完蛋了！
要跌下去了……
730
740
有什麼辦法？
還有什麼辦法！

為什麼還繼續買同和礦業？
三月十九日 日本經濟新聞採訪
全世界非鐵金屬的供需出現不平衡，將來仍可能是供不應求的局面。
而且，非鐵金屬的行情自一九七一年起，歷經四年的低迷不振後，全球的中小礦山幾乎都已封閉。
如果要重新挖礦，成本很高。
以銅來說，每噸八十萬圓的銅價若不持續一年，礦山公司就不會有興趣重新挖礦。
因此，在供不應求的情況下，今年下半年非鐵金屬應還會再漲。
而同和礦業擁有直營礦山，
非鐵金屬行情的上漲，必然有助於其營收。
原來如此，難怪是川先生看起來信心滿滿。

信心滿滿？哈……
「作手不得站在舞台表面」是鐵則啊！
現在的我，就像跌入海中的落難者一樣。
希望這次的受訪能止住跌勢，博得一線生機……
那現在是川先生手上的持股有多少呢？
有的用現金買，有的是用融資買，一部分是我的，一部分是親戚朋友的。
合計超過五千萬股。其中一半以上是我的持股。
那請問現在與你同步調的投資家有幾人？

有十二、三人，其他似乎還有一些插花者。
同和礦業的浮額已被吸盡，最近以市價掛進都會買到高價。
不過，七、八百圓的股價還很便宜，
只要資金沒問題，就會繼續買進。
雖然，
原來如此。
那如果因為投資同和礦業股而大賺，您會怎麼使用這筆錢呢？
呵呵，我已經八十二歲了，不會再想賺錢了。
去年我在大阪設立了老人福祉財團，如果這次再賺一筆的話，打算設立一個規模更大的福祉財團。

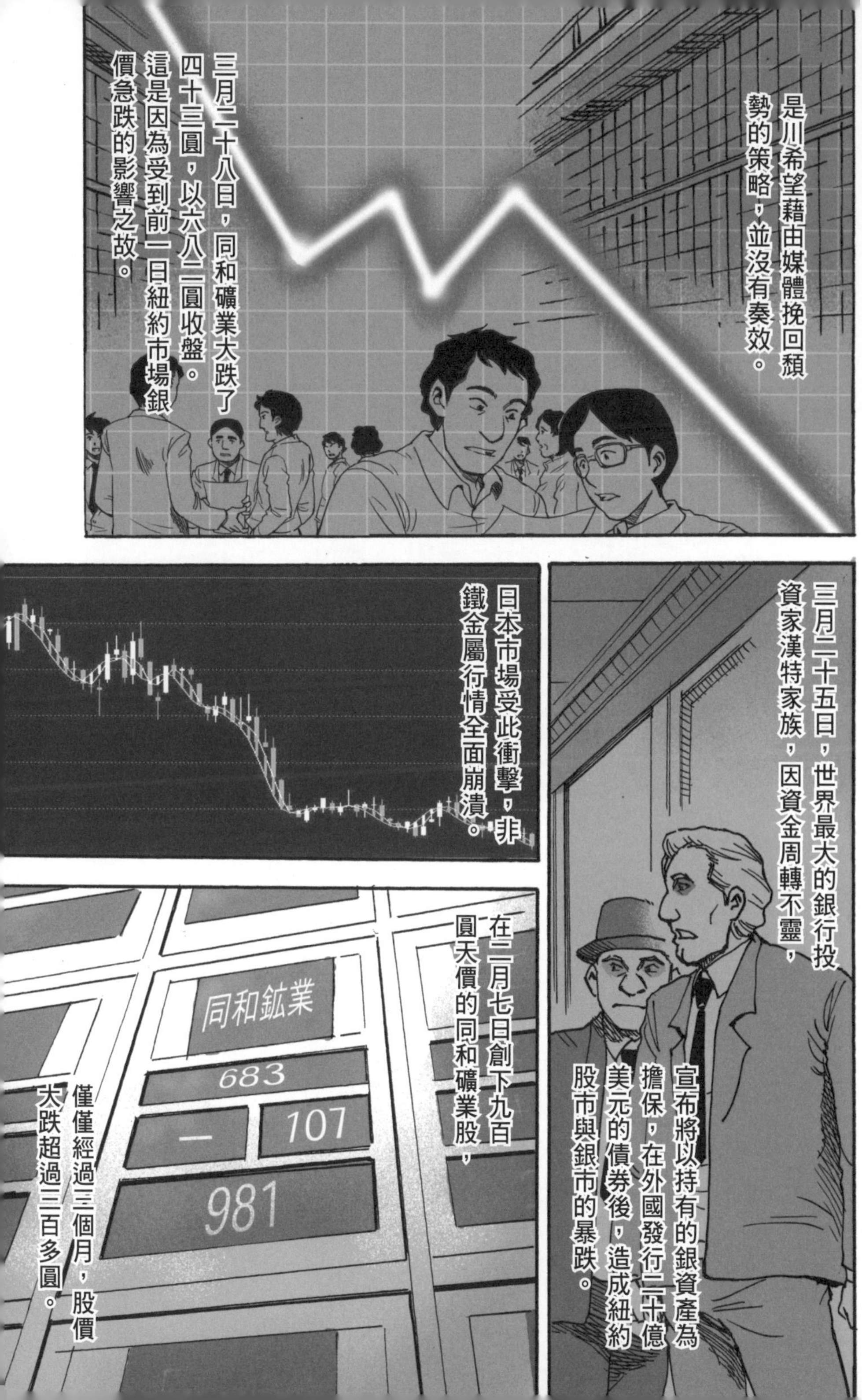
是川希望藉由媒體挽回頹勢的策略，並沒有奏效。
三月二十八日，同和礦業大跌了四十三圓，以六八二圓收盤。這是因為受到前一日紐約市場銀價急跌的影響之故。
三月二十五日，世界最大的銀行投資家漢特家族，因資金周轉不靈，
宣布將以持有的銀資產為擔保，在外國發行二十億美元的債券後，造成紐約股市與銀市的暴跌。
日本市場受此衝擊，非鐵金屬行情全面崩潰。
在二月七日創下九百圓天價的同和礦業股，僅僅經過三個月，股價大跌超過三百多圓。
同和鉱業
683
— 107
981

五月八日，六二五圓
和鉱業
625
58
854
跌勢止不住啊……
撲咚！
五月十六日，五〇七圓
同和鉱業
507
64
734
股價已經逐漸逼近成本了……
撲咚！
怎麼辦？
怎麼辦？
撲咚！

聽說是川銀藏因腦溢血，半身不遂了呢。
真的嗎？
好像因為這次的暴跌而重病入院了。
真是慘啊……
好險我們只是散戶！
……
股市真是謠言最多的地方，如果聽到什麼，就要買進、賣出的話，那麼錢再多，也不夠賠。
雖然下跌的期間，只要一有機會就出脫持股，
但是跌到五百圓左右時，還有一半要脫手……
剩下的股票必須趕緊脫手才行！

一千萬股！
野村證券
如果你們不協助我處理這些股票，到時候我全數認賠賣出……
股價暴跌後，你們這些證券商也好不到哪去。
野村證券是日本最大的證券公司，只有貴公司，才有實力一口氣吃下這麼多股票。
其中的利弊，我相信你們比我更清楚才是。

好……好吧。
最後野村證券不得不同意承接是川的一千萬股，並將這些股票推銷給科威特政府與外國投資機構。
是川也要求了平常有買賣關係的證券商，要他們各「分擔」一百萬股或二百萬股——
這樣，總算不透過市場，將所有剩餘的股票清理完畢。

嘩!
嘩!
這次最幸運的是，本錢三十億圓都還完整無缺。
在這次的買賣中，我持股的市價總額一度曾高達三百億圓，
如今已成為紙上富貴，過眼雲煙了。
剛開始買進同和礦業時，我一直遵守自己平常主張的投資原則。
可是在行情出現急速上漲後，因貪婪而迷失在狂飆的氣氛中，改變初衷……

原來我還是個平凡人啊……
爺爺！
你要不要吃糖？
不用了，謝謝你。不過小弟弟，
你要小心不要一下吃太多糖喔。
這樣會牙痛的。
股市猶如人生，如果不想背負過多的風險，就得知足，不為貪欲所惑。

你看看你啊……
這一次弄的焦頭爛額。身體再好也經不起如此折磨啊！
我希望你能堅定意志，不要再玩股票了。
注：是川第一任妻子是川豐子於二戰結束後不久去世。之後與壽美小姐再婚。
今後我們倆可以邊種蔬菜，邊做公益事業，
平平安安的過日子。好嗎？
……
嗯，你說的對，今後就專心從事公益活動吧。
太好了，今天我要去煮紅豆飯來慶祝！
噗！

是川的四個小孩也都成家立業了，各自擁有幸福安定的生活。
長男就任西德國立結晶學研究所所長。
長女嫁給劇本作家西龜元定。
次男是住友金屬工業公司的事業開發部部長。
次女嫁給東麗公司副社長沼田靖行。
你們一家人是託誰的福，才有這個擋風避雨的地方！
請再寬限幾天，我一定會設法把錢湊齊……
是川最初會想要賺大錢，是因為看到父親為了房租而痛苦的樣子。
兒女們也都過得不錯，並不需要我留給他們什麼財產。
這次沒傷到三十億圓本錢，就拿這筆錢出來，作為孤兒獎學金吧。

一九七八年十二月某日
大阪市政府
好冷啊！
這種天氣實在應該吃火鍋呢。
長……長官，這位先生說一定要見您。
您就是兒童課的課長嗎？
課長出差了，我是副課長。您不是是川先生嗎？
這報紙上……
寫的是真的嗎？
大阪の養護施設では石油
幼い子ども達は肩を
大阪孤兒院沒錢買暖爐用油
孩子們冷得直發抖……

這些孤兒的確很可憐，可是市政府實在沒有多餘的預算……
人數實在太多了，光是市立孤兒院，就有二千八百人。
讓這些孤兒院都有暖氣吹，總共要多少錢，說個數字！
什麼？
告訴我，要多少錢，才能讓這些孩子不受寒呢？
喂！快去找相關部門的人來！
是！
……
……
大概要二六〇萬圓。

二六〇萬圓嗎？
一小時候——
嘩！
這裡有三百萬圓，你們拿去用！
這……是川先生，三百萬圓太多了！
你在小家子氣什麼啊！剩下的就當作是壓歲錢發啊。
市長和是川談過話後，也被是川的熱情所感動，答應今後一定讓孤兒院有暖氣。
此後的每年年終，他總要給孤兒院的兒童們每人一千圓壓歲錢。

然而，孤兒院的小孩沒錢念書，還是很難找到什麼好工作。
男孩子多半進入黑社會，女孩子則可能淪落風塵。
一九七九年十二月，是川捐出二十億圓。
成立財團法人是川福祉基金。
是川福祉基金每年提供二百個獎學金名額給大阪市的孤兒，讓他們能順利念完高中、大學。
到現在為止，靠這個獎學金資助而念完高中、大學的孤兒，不計其數。

第九章
逆轉勝

每個人終其一生，都會遇到二、三次的大好機會，
能否及時把握這個千載難逢的良機，
就得靠平常的努力與身心的磨練。

啾~
啾⋯
早安，森原小姐。
早安，是川先生。
豆腐買回來了。
真是的，不是請管理員去買就好了嗎？
是川獎學財團成立後，是川就把全副精神擺在財團的營運上，
自己出去走走比較舒服。
是嗎？
Z
每天過得很平靜。
我先放桌上喔。
好，趕快先吃早餐吧。

今天的報紙來了啊。
閱讀日本經濟新聞依舊是是川每天的習慣。
一九八一年九月十八日早上，已經停手不做股票許久的是川，
看到了一則讓他再次熱血沸騰的新聞——
咦？

金属鉱業事業団
鹿児島県菱刈金山に高品位金脈を発見
……菱刈金山位於鹿兒島縣伊佐郡菱刈町，所有權屬於住友金屬礦山公司。
金屬礦業事業團於九月六日在這地區鑽了二個洞，進行探勘。
在地下二四一公尺至二八三公尺的地層間，發現三層的金礦脈……
在金礦的品質方面，最上層厚一・二三公尺，每噸礦石含有六三・七公克的金與四四公克的銀。第二層厚三・七五公尺，含有金八一・九公克、銀五三・八公克。最下層厚五・四五公尺，品質最高，含有金二三〇・三公克、銀五七公克。礦床呈西南走向，長約四百公尺。

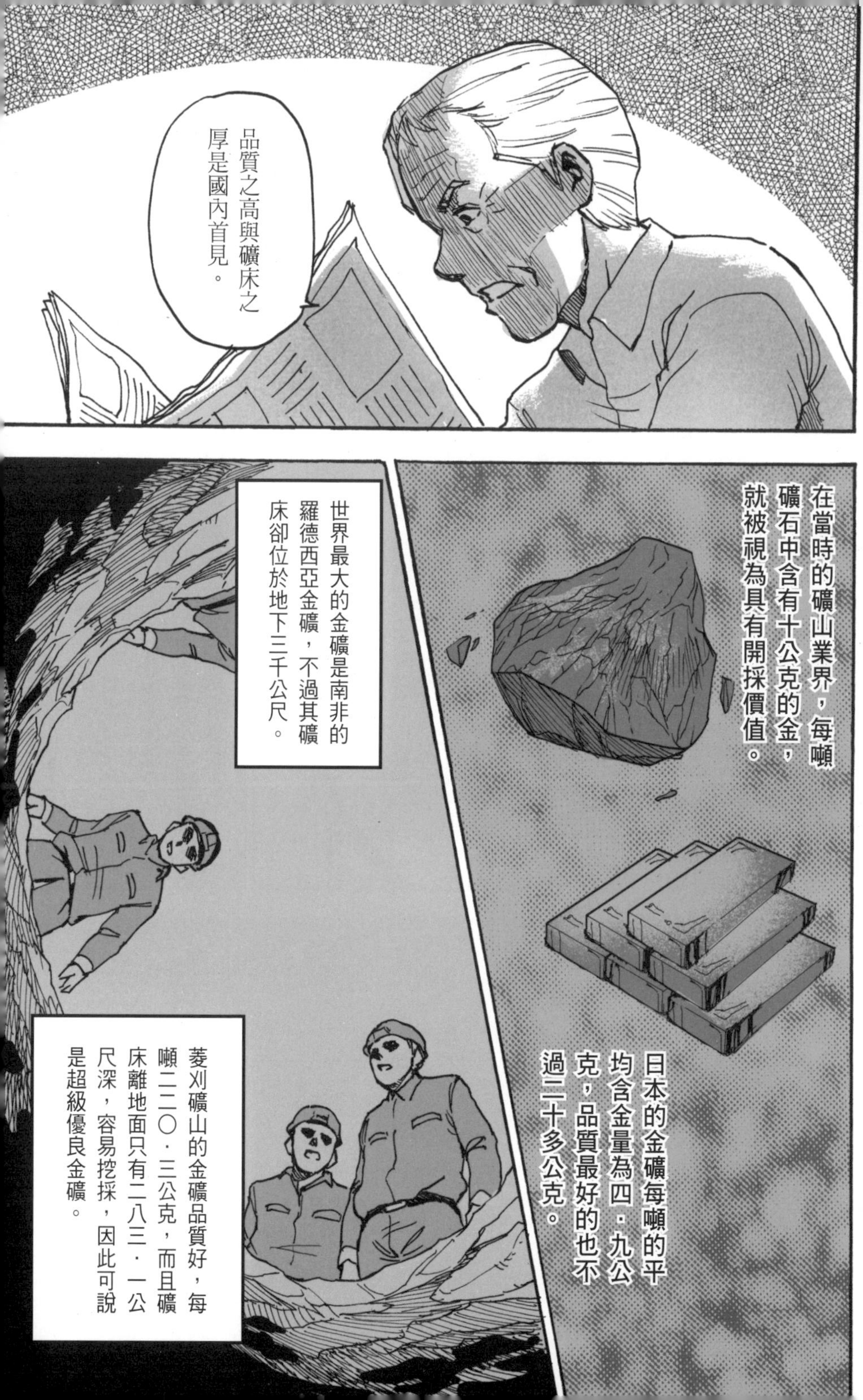
品質之高與礦床之厚是國內首見。
在當時的礦山業界，每噸礦石中含有十公克的金，就被視為具有開採價值。
日本的金礦每噸的平均含金量為四．九公克，品質最好的也不過二十多公克。
世界最大的金礦是南非的羅德西亞金礦，不過其礦床卻位於地下三千公尺。
菱刈礦山的金礦品質好，每噸二二〇．三公克，而且礦床離地面只有二八三．一公尺深，容易挖採，因此可說是超級優良金礦。

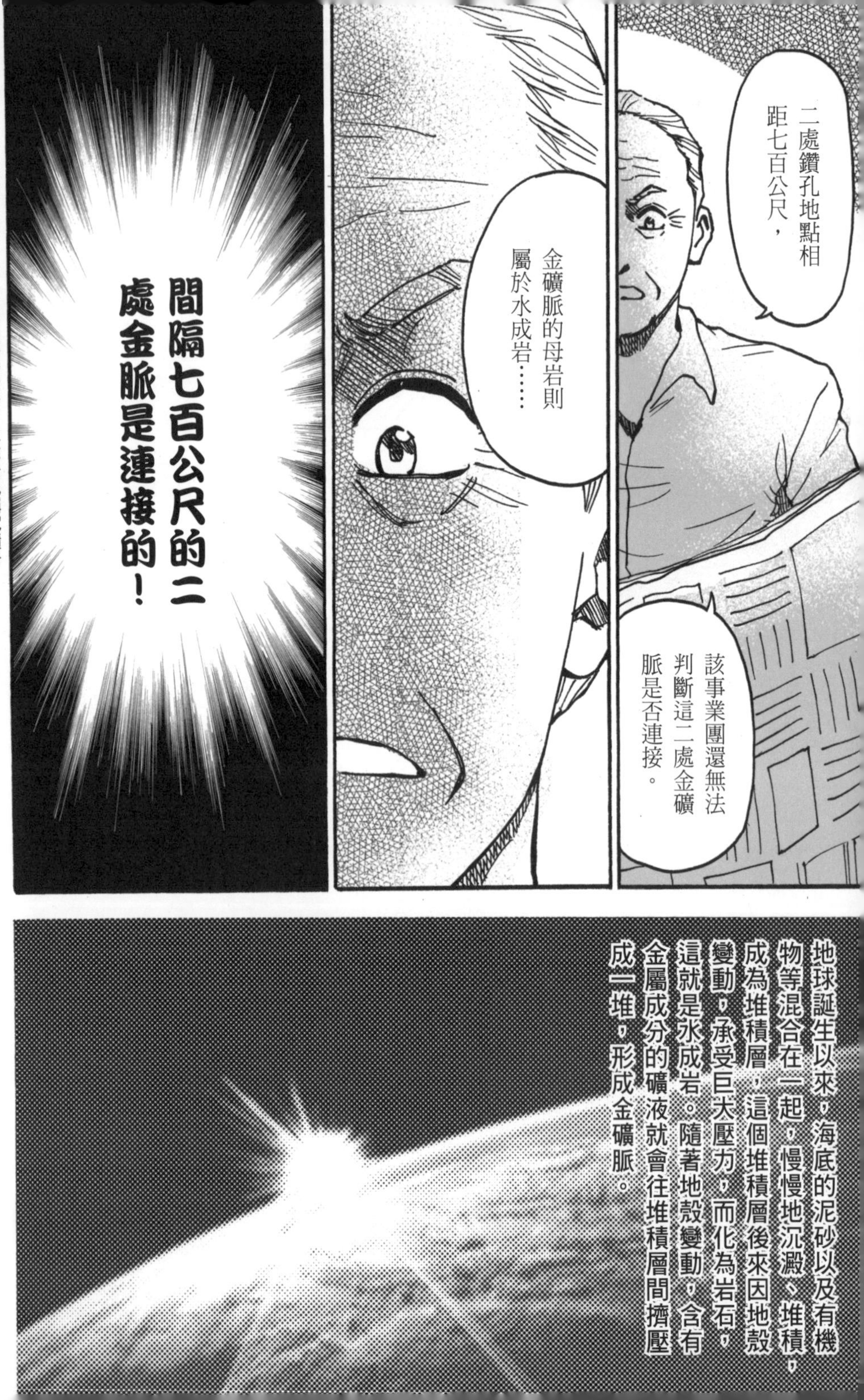
二處鑽孔地點相距七百公尺，
金礦脈的母岩則屬於水成岩……
該事業團還無法判斷這二處金礦脈是否連接。
間隔七百公尺的二處金脈是連接的！
地球誕生以來，海底的泥砂以及有機物等混合在一起，慢慢地沉澱、堆積，成為堆積層，這個堆積層後來因地殼變動，承受巨大壓力，而化為岩石，這就是水成岩。隨著地殼變動，含有金屬成分的礦液就會往堆積層間擠壓成一堆，形成金礦脈。

稱為母岩。水成岩也稱沉積岩。

金礦脈在火成岩中也會形成，只是分布較為零散。
水成岩的金礦脈則分布得較為規則，一般都呈連續狀。
因此，菱刈金礦山的地層既然屬於水成岩，金礦脈自然極可能呈連續狀。
是川的判斷來自於過去在朝鮮半島的開發、經營礦山的經驗。
是川讀書，並非為了考試過關，而是為了實際需要，所花費的心血也絕非一般學生數夜抱佛腳所可比擬。
因此，得來的知識即使過了數十年，依舊存於腦中，這些活生生的知識，再加上臨場的實務經驗，使得是川在往後的股市投資中有判斷的依據。

這樣看來，住友金屬礦山公司已擁有一處價值驚人的大金礦脈！
早…
買進住友金屬礦山股！這種天大的良機，如果沒有好好把握，一定會後悔終生。這是一輩子只出現一、二次的絕佳買進機會！

咔咔—
咔—
!!
怎麼了啊？孩子的爹。
一不小心就……
唉呀，怎麼弄翻了！
壽美！我跟你說，那個……
我保證以後再也不做股票了！
啊……
……
你怎麼像個小孩子似的。
現在不是婆婆媽媽的時候了——

壽美，太驚人了！住友礦山公司的礦區，發現了全世界最大的金礦啊！
在同和礦業股上得而復失的錢，
這一次要從住友礦山賺回來！
求求你，再讓我做一次！
一次就好！
……「再一次」、「再一次」，這樣根本沒完沒了，結果還不是做一輩子股票。
拜託啦！
唉……
股票既然是你的命根子，就去做吧！
感激不盡！
感激不盡啊，老婆！

是川立即從大阪搭飛機到鹿兒島——
鹿兒島菱刈金礦
就是這裡嗎？

唉呀，報紙登得太誇張了，真傷腦筋啊！
雖然在二個地點鑽孔，發現了高品質金礦，
但這不過是碰巧挖到高品質礦石而已，其他的礦脈很可能是低品質金礦吧。
應該沒有開採的價值啦！哈哈哈……
……
一般而言，鑽孔要鑽到金礦並不是一件容易的事。
在一千個地點鑽孔，往往只能鑽到幾處有金礦，機率很低……
那邊是我們……
而金屬礦業事業團鑽了二處，二處都鑽到金礦，這能說是「碰巧」嗎？

二個鑽孔處的地底下，一定有一條連續的大金礦脈！
是川跑了一趟礦場，更加確信此事。
九月十九日，是川就對十多家證券公司下達買進住友礦山股的指令。
當時，住友礦山的股價正在二三〇圓至二四〇圓間盤整，是川認為是買進的好時機。
好的開始，是成功的一半。
投資股票也是如此，買進的時機非常重要。
如果一開始買進，就被套牢，
形成帳面虧損，投資者的信心多半會因而動搖，而影響日後的投資決策。

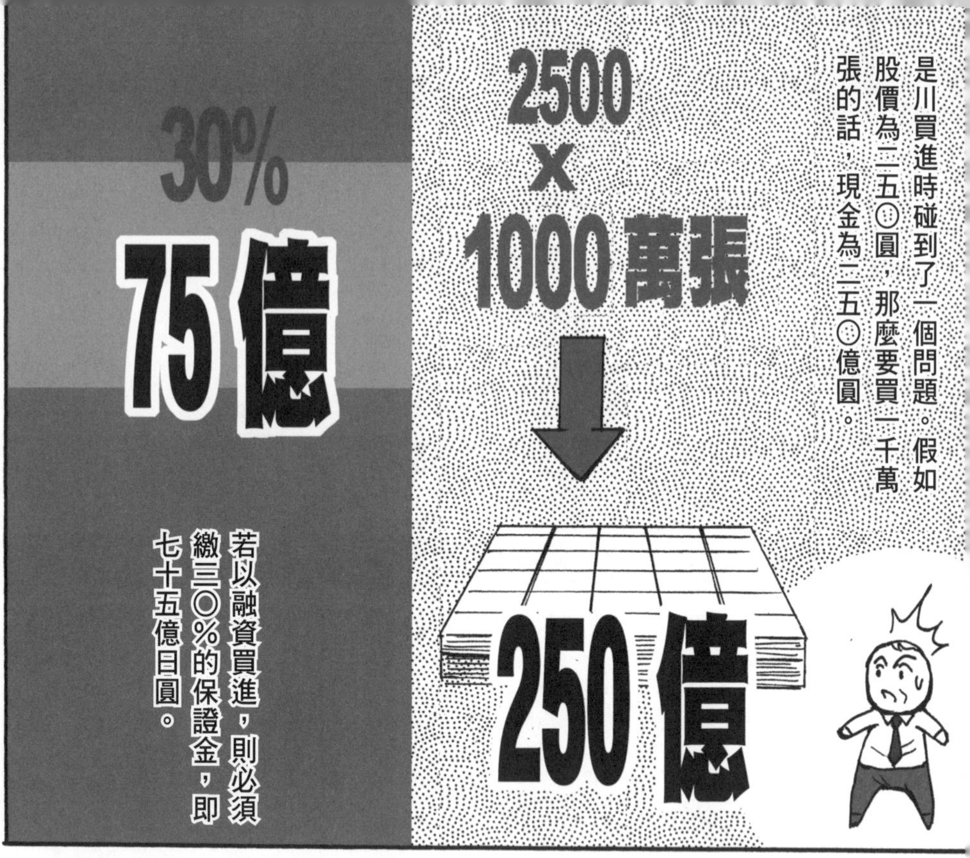
是川買進時碰到了一個問題。假如股價為二五〇圓，那麼要買一千萬張的話，現金為二五〇億圓。
2500
x
1000萬張
250億
30%
75億
若以融資買進，則必須繳三〇%的保證金，即七十五億日圓。

注：當時交易為一張十股。

可是當時，是川只有三十億圓的自有資金。
看來——得想點辦法了。

以融資買進股票時，除了繳保證金外，還可用股票（以市價的七〇％計算）抵押，代替保證金。
70%
這種方式可比用現金多買約二倍的股票。而且股價如果上漲，原先拿去抵押的股票，擔保力便會跟著增加，而得以買更多的股票。
1
2
另一個吸購大量股票的方法，就是打壓股價。
同樣的資金，在股價低的時候，所能買進的股數，當然比在股價高的時候還多。
因此，一旦股價漲高，是川就一口氣倒出一百萬股或二百萬股，讓投資人感覺壓力重重，而紛紛賣出持股，造成股價下挫。
此時，是川便以迅雷不及掩耳的手法，將投資人釋放出來的股票一網打盡。

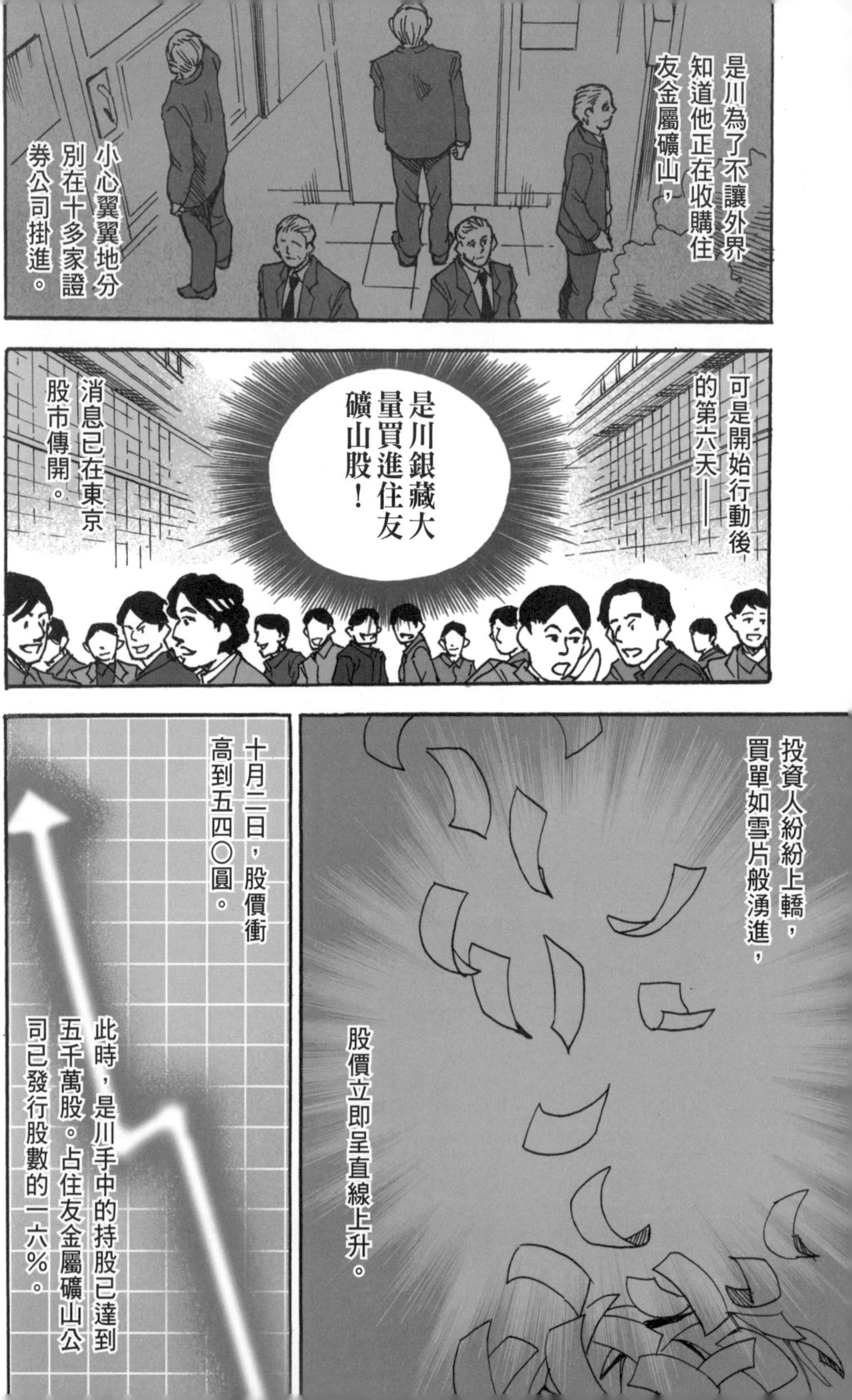
是川為了不讓外界知道他正在收購住友金屬礦山，
小心翼翼地分別在十多家證券公司掛進。
可是開始行動後的第六天——
是川銀藏大量買進住友礦山股！
消息已在東京股市傳開。
投資人紛紛上轎，買單如雪片般湧進，
股價立即呈直線上升。
十月二日，股價衝高到五四〇圓。
此時，是川手中的持股已達到五千萬股。占住友金屬礦山公司已發行股數的一六%。

鈴
鈴
是川先生，您好，我是住友金屬礦山公司的社長藤崎章……
又來了……
是川先生，請問您為什麼買了那麼多敝公司的股票？
這位社長可真是開門見山啊。
藤崎先生，你進入這家公司幾年了？
藤崎先生……

貴公司可是挖到了一條價值連城的大金脈啊！
可是……
那條金脈長什麼樣子還不曉得。雖然在二處鑽孔發現金礦，可是現在還無法判斷這二處金礦是否同屬一條金脈。
今後我們會請金屬礦業事業團更詳細地調查，請您等調查結果出來後，再下判斷如何？
可以請貴公司的技術部長過來一下嗎？
上崎！
是！
快去請近藤常務過來一趟。
久仰大名了，這是我的名片。
理學博士
近藤晧二
常務

喔，是專家中的專家呢，不知道您對此事的看法？
日本有很多金礦山。
可是絕大部分金脈都是局部性。
……
而且，一開頭或許會挖到高品質的金礦，但是繼續挖掘後，便會發現品質沒有先前的好。
因此，這一次菱刈金礦山雖然鑽到高品質金礦，但是礦脈絕不可能長達七百公尺，也不可能全是高品質金礦。
菱刈金礦山與其他金礦山不一樣，
母岩是由水成岩構成。
日本的金礦都是差不多狀況。
你們知道嗎？
貴公司很可能持有價值數兆元的金山！

鑽孔探礦的事，不要再委託金屬礦業事業團了！
鑽孔的費用，
由我來負擔！
一啊
是川先生所言甚是，
敝公司一定會殫精畢力，把該做的事做好。
過了數日，住友金屬宣布，
將以六個月的時間，在菱刈金礦山每隔一百公尺鑽一處孔。

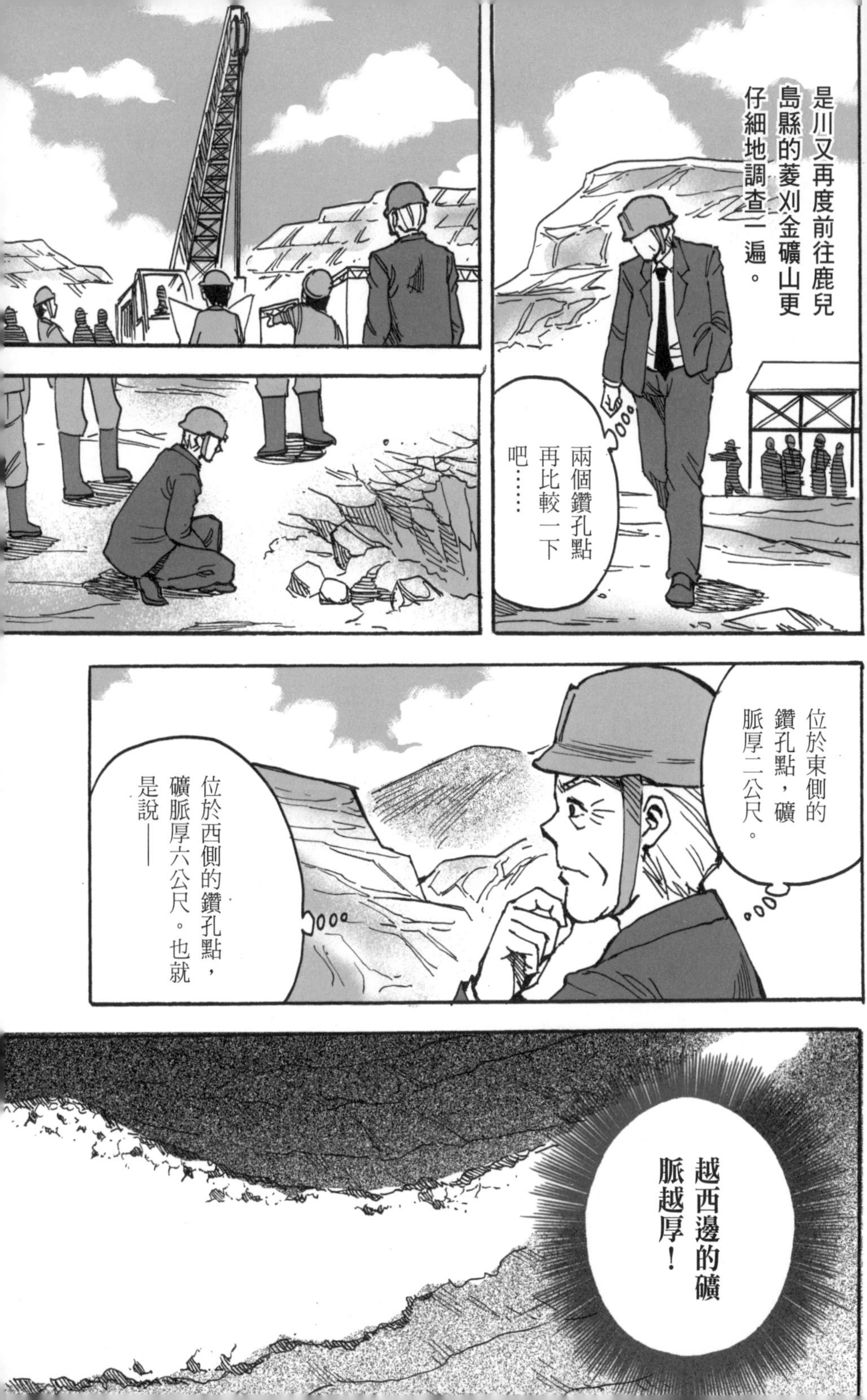
是川又再度前往鹿兒島縣的菱刈金礦山更仔細地調查一遍。
兩個鑽孔點再比較一下吧……
位於東側的鑽孔點，礦脈厚二公尺。
位於西側的鑽孔點，礦脈厚六公尺。也就是說——
越西邊的礦脈越厚！

可是當時從西側的鑽孔點往西約四百公尺是住友金屬礦山公司的所有權界限，
400M
再往西就是別人的礦區。
No Entry
別人礦區的金礦脈可能還更厚。必須趕緊買下這片礦區才行。
趕快買下與西側鑽孔點鄰接的礦區吧。
否則，若等到繼續鑽孔後，
發現金礦脈延伸到鄰接的礦區，那時想買也買不成。
我已經與對方談好，售價五億圓。趕緊買下吧！

是川先生，進一步的鑽孔調查還沒展開，
我們連自己礦區內的情形都還不清楚，
怎麼能就這樣買下一無所知的鄰近礦區呢？
如此冥頑不靈的人，竟然被奉為專家。我真為這家公司擔心啊。
更何況……
礦區的所有者已經一再地透過仲介商，希望將礦區賣給敝公司。
我們根本無需主動，最後他們一定會跑來苦苦哀求。屆時……
只要三、五千萬圓就可以成交了。

貴公司的規模這麼大，財力如此雄厚。
怎能因看準對方亟需用錢，就把價值十億、二十億圓的礦區，殺到這麼低的價碼？
這樣也未免太殘酷了吧！今後貴公司如果要擴大規模，
心胸就得放大點，這麼小家子氣，如何成就大事？
……
算了！
既然你們不願意買，
那麼，就由我來買好了。

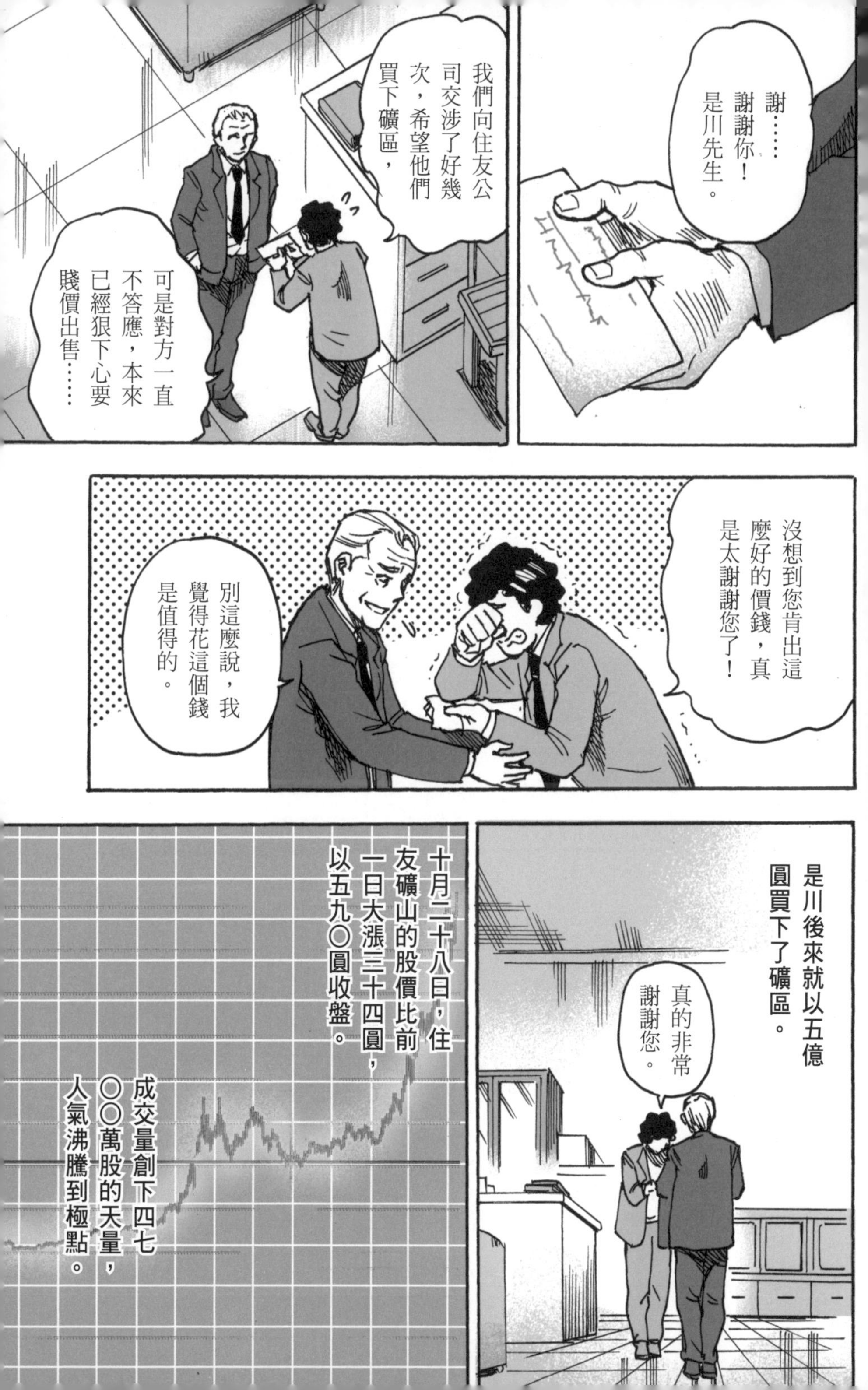
謝……謝謝你！是川先生。
我們向住友公司交涉了好幾次，希望他們買下礦區，
可是對方一直不答應，本來已經狠下心要賤價出售……
沒想到您肯出這麼好的價錢，真是太謝謝您了！
別這麼說，我覺得花這個錢是值得的。
是川後來就以五億圓買下了礦區。
真的非常謝謝您。
十月二十八日，住友礦山的股價比前一日大漲三十四圓，以五九〇圓收盤。
成交量創下四七〇〇萬股的天量，人氣沸騰到極點。

十月三十日，盤中一度上漲到六一五圓的價位，
後來卻急轉直下。
從開始到現在漲了將近三倍，
在這兒稍做回檔整理也是合理的。
但在此時，在日華僑中的『獨行俠』三晶實業公司頻頻放空。
一賣就是五十萬股、一百萬股。
一般投資人受此影響，紛紛獲利了結。
十一月二日，跌十圓；十一月五日，跌九圓。好不容易構築成的多頭氣勢有土崩瓦解之危。

十一月六日
一般而言，
住友金屬礦山公司宣布將於十一月底進行菱刈金礦山的探礦行動。
但是
金礦脈的實際情形很難掌握……
因此，經過事業團的調查後，我們仍無法斷定礦床的規模是否很大。
不過，今後仍會繼續探礦。為此，
我們已獲得事業團的同意，今後將由敝公司獨自進行調查工作。
其宣布的內容不僅無法抑制空頭的攻擊，
反而令買方躊躇不前。
住友礦山公司的消極姿態頗讓買方失望。
491
十一月十六日，股價終於跌破五百圓大關，以四九一圓收盤。

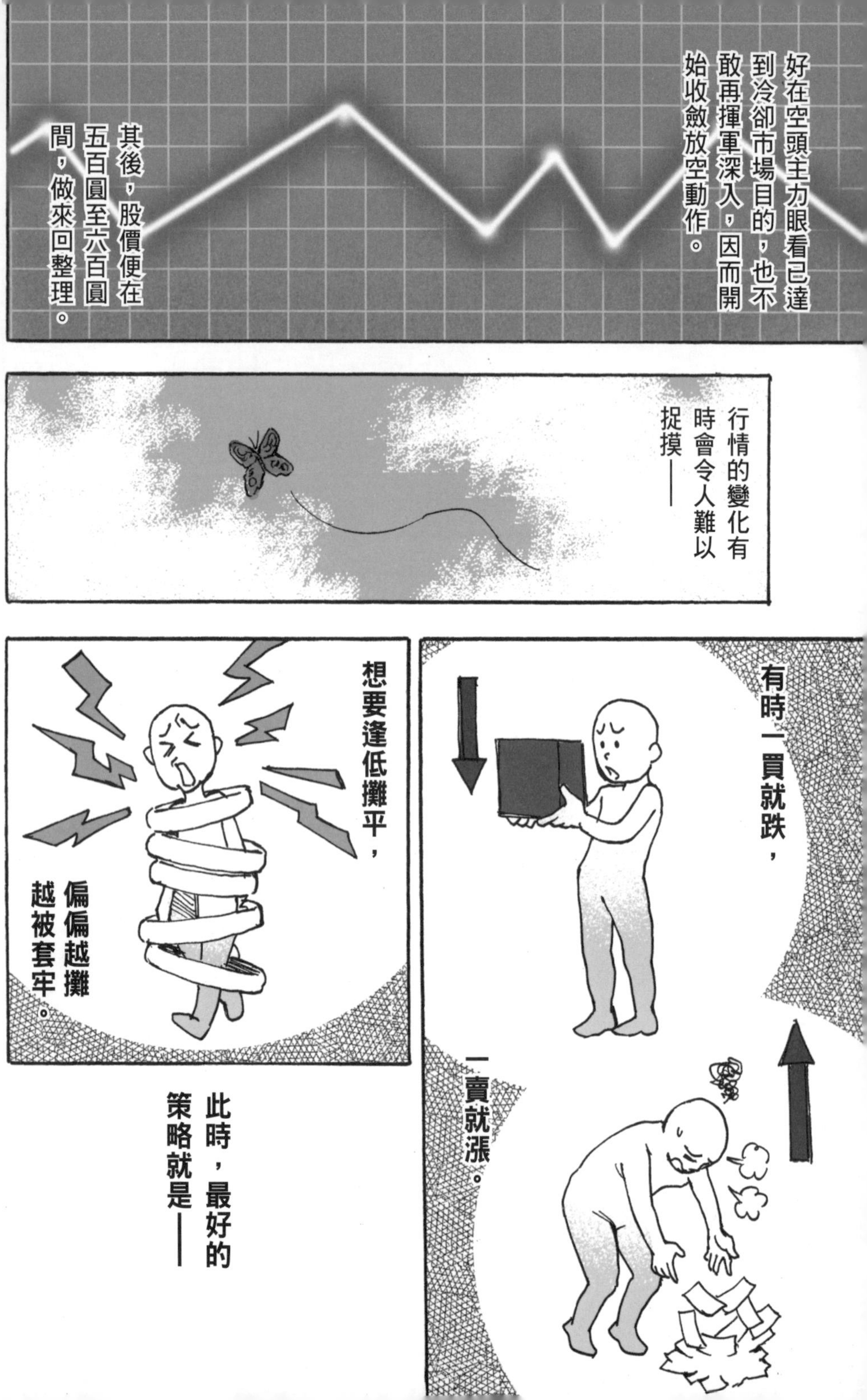
好在空頭主力眼看已達到冷卻市場目的，也不敢再揮軍深入，因而開始收斂放空動作。
其後，股價便在五百圓至六百圓間，做來回整理。
行情的變化有時會令人難以捉摸——
有時一買就跌，
一賣就漲。
想要逢低攤平，
偏偏越攤越被套牢。
此時，最好的策略就是——

休息——

投資最忌諱的就是戀戰。明明無法判斷行情的走勢，硬是要留在股市鑾幹，這是標準的賭博行為，非健全的投資人所應為。

投資股票，不僅要懂得在什麼時候買進、賣出，還要知道在什麼時候休息。

十二月下旬，是川判斷住友金屬礦山股一時還脫不了盤整走勢，便掛起免戰牌。
帶著妻子去京都旅行，紓解一下筋骨。

一九八二年一月，股市盛傳著種種住友金屬礦山的消息，而且都是有關開發金礦山的利多消息。
一月十一日，股價回到六百圓，成交量急遽放大。各大證券商紛紛買進，散戶也積極跟進。
一月十二日，住友金屬礦山股大漲三十九圓，創下空前的最高價六三〇圓。
刷新史上最高價後，買單更是前仆後繼，行情呈白熱化狀態。顯然地，住友金屬礦山股已邁入第二波上升趨勢，向一千圓目標挺進。
一月中旬，是川與丸莊證券公司的專務一塊兒到鹿兒島菱刈礦區視察。
各位辛苦了！目前的進度還順利嗎？
金礦的含有量如何呢？
嗯……含量還不確定，
不過看目前的狀況，

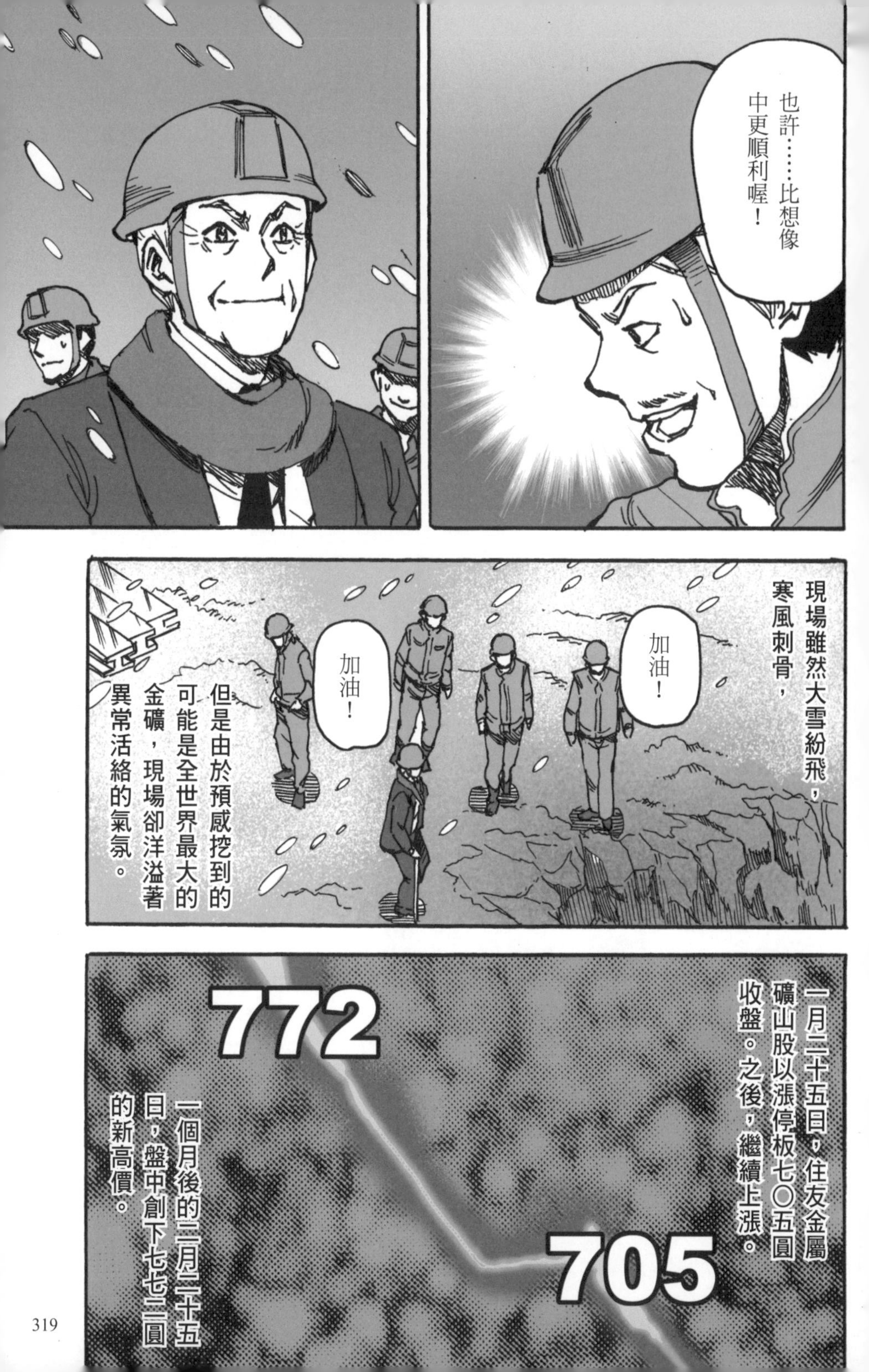

也許……比想像中更順利喔！
現場雖然大雪紛飛，寒風刺骨，
加油！
加油！
但是由於預感挖到的可能是全世界最大的金礦，現場卻洋溢著異常活絡的氣氛。
一月二十五日，住友金屬礦山股以漲停板七〇五圓收盤。之後，繼續上漲。
705
772
一個月後的二月二十五日，盤中創下七七二圓的新高價。

可是收盤時卻比前一天跌二十圓。
這種急轉下挫的走勢，似乎是個預警……
看來產生影響了……
不知何故，住友金屬礦山公司始終未發表鑽孔的結果。
市場逐漸懷疑與不安，股價開始下滑……
似乎哪裡怪怪的，我有種不祥的預感——
隨著股價的下跌，
是川銀藏已經出貨溜了！
真的？
東京股市更開始繪聲繪影地盛傳著謠言。

屋漏偏逢連夜雨，日本經濟新聞於三月一日登出各家非鐵金屬公司業績惡化的消息，
住友鉱、減益幅六〇パーセントに拡大
以住友金屬礦山公司作標題——
三月一日，住友礦山大跌三十八圓，
雖然第二天稍微反彈漲了七圓，可是自第三天起，股價再度下挫。
三月九日，住友礦山輕易跌破六百圓整數關卡，以五九〇圓收盤。三月十二日，股價竟然暴跌一一〇圓，以四二〇圓收盤。
就在此時——
咦？證券公司寄來的。
啊，是追繳保證金通知！
連日的下跌真是造成許多問題。

追繳保證金的金額為四十億圓。
可是我手上根本沒那麼多現金，
不補又會被斷頭。
喀
住友礦山公司不希望股價繼續下跌。
因此願意盡可能幫助是川先生。
不過……住友集團可能希望股價進一步下挫也說不定，
野村證券公司井坂專務
無論如何，先聽聽是川先生的條件再說。
股價就以交易決定時的行情就行了。
另外，去年我以五億圓買下菱刈礦區鄰旁的土地，我願意將這塊土地以相同價格轉讓。

反正當初就是為他們買的。
現在需要他們幫忙，就附加一件「禮物」吧。
三月十六日——
住友集團決定承接股票了。
經住友集團協議的結果，住友銀行承接二百五十萬股，住友信託、住友生命（壽險公司）各承接一百五十萬股，合計承接五百五十萬股。
雙方並同意股價定為四二〇圓，三月十七、十八、十九日交付股票。
那個……是川先生。
您曾答應要將菱刈的鄰旁礦區以原價讓給敝公司……
沒變卦吧？

我承諾此事，就絕不食言。
真的以原價出售嗎？
當初要你們買，你們不買我才買的。
我既是為貴公司而買，自然用原價就行了。
謝……謝謝！
果然如我所料，金礦脈延續到鄰旁礦區。
不過既然情況如此利多，住友礦山股為什麼還會一直大跌呢？
難道說……
背後是住友集團在主導？

三月十七日早晨——
是川證實了他的猜測。
早餐吃什麼呢？
叫壽美煎魚……
嚇
国内最大級の金鉱開発
住友鉱山 8月着手
鹿児島、推定埋蔵 100トン
國內最大的住友金礦山
決定於八月著手開發
鹿兒島金礦
估計埋藏量一百噸！

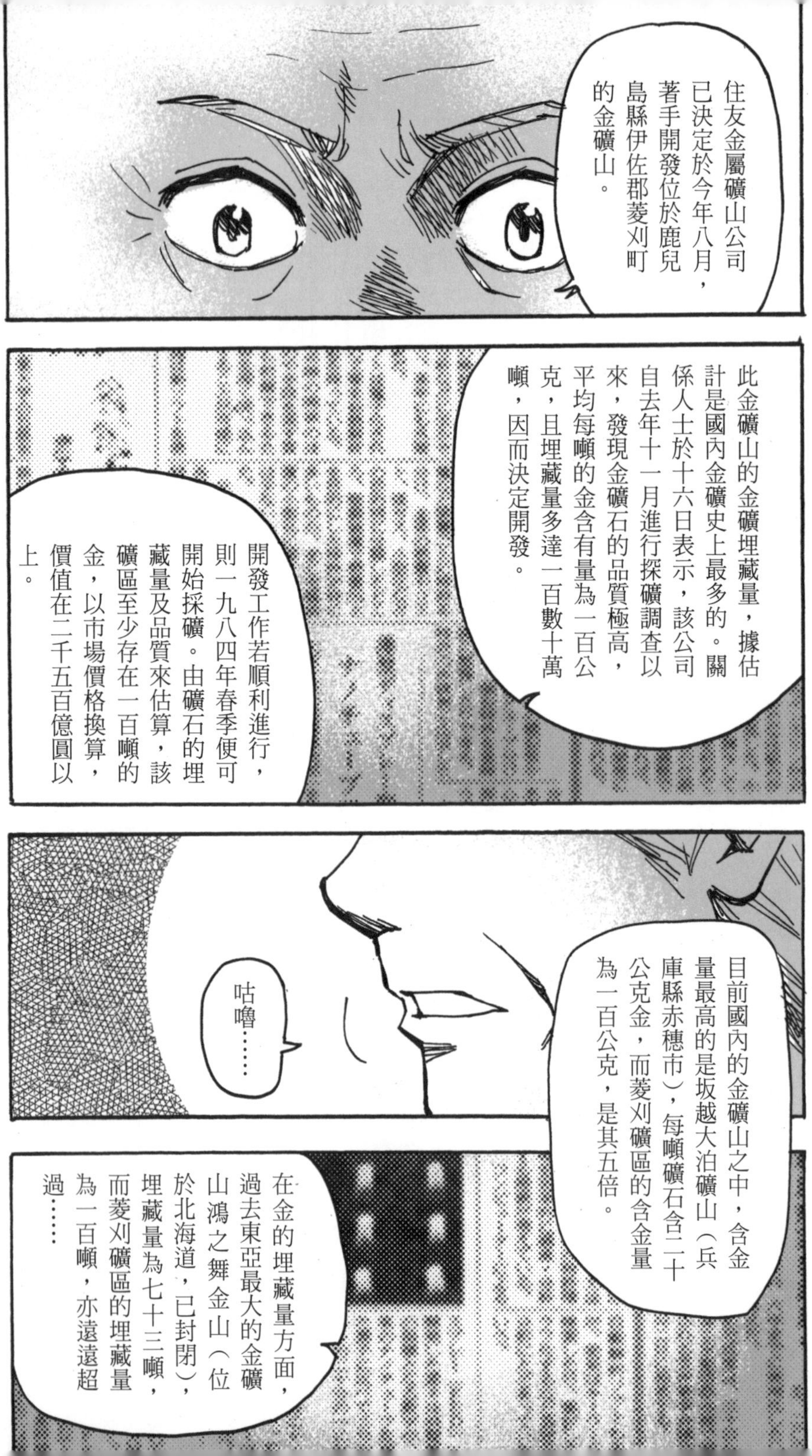
住友金屬礦山公司已決定於今年八月，著手開發位於鹿兒島縣伊佐郡菱刈町的金礦山。
此金礦山的金礦埋藏量，據估計是國內金礦史上最多的。關係人士於十六日表示，該公司自去年十一月進行探礦調查以來，發現金礦石的品質極高，平均每噸的金含有量為一百公克，且埋藏量多達一百數十萬噸，因而決定開發。
開發工作若順利進行，則一九八四年春季便可開始採礦。由礦石的埋藏量及品質來估算，該礦區至少存在一百噸的金，以市場價格換算，價值在二千五百億圓以上。
目前國內的金礦山之中，含金量最高的是坂越大泊礦山（兵庫縣赤穗市），每噸礦石含二十公克金，而菱刈礦區的含金量為一百公克，是其五倍。
咕嚕……
在金的埋藏量方面，過去東亞最大的金礦山鴻之舞金山（位於北海道，已封閉），埋藏量為七十三噸，而菱刈礦區的埋藏量為一百噸，亦遠遠超過……

就是這個！我日夜期盼的
這條新聞終於發布了。
勝利女神終於對我微笑了！
雖然有點心疼前一天賣掉的五百五十萬股，
可是手上還有四千五百萬股。
這條新聞一定可讓住友礦山股急漲無疑！

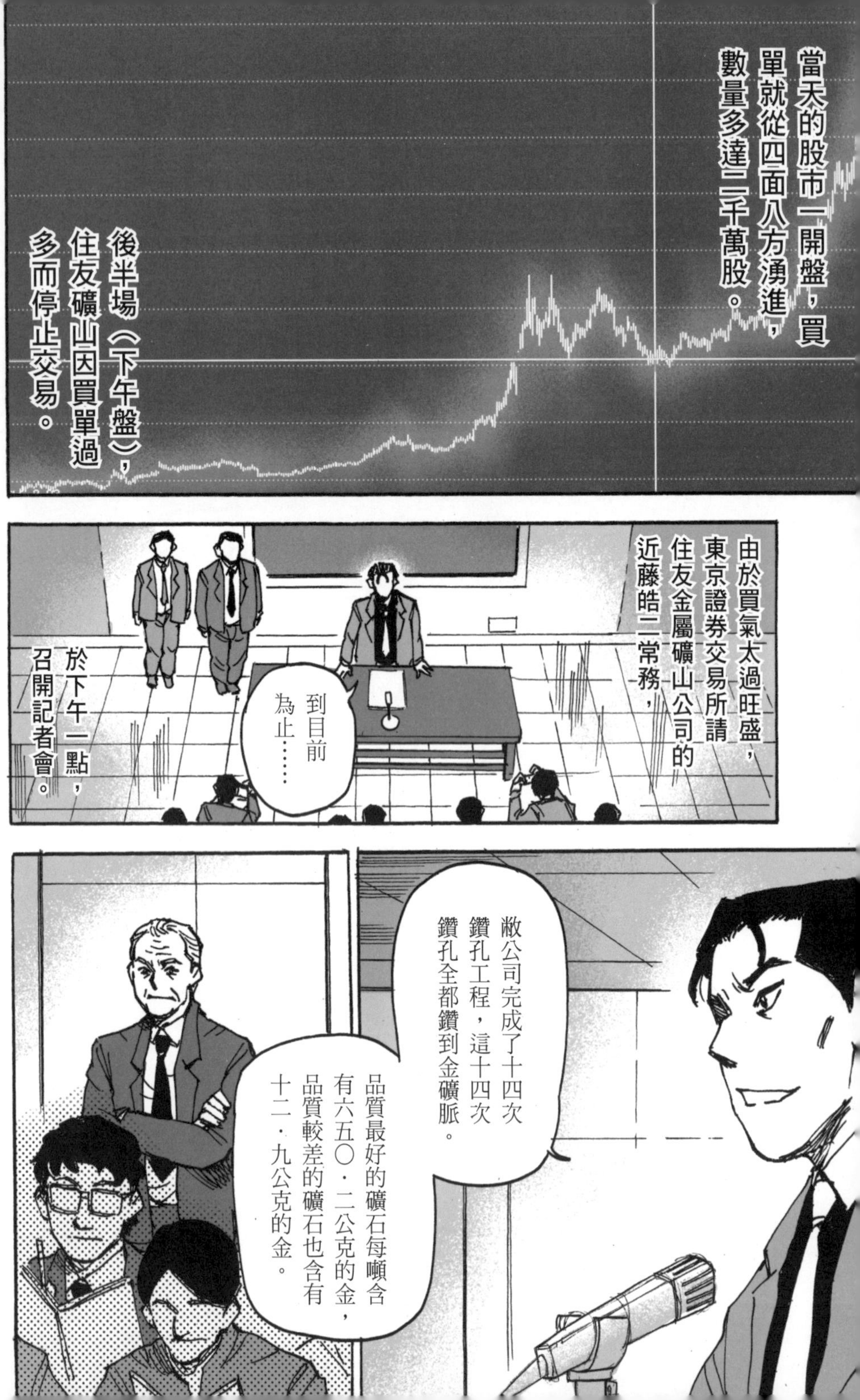
當天的股市一開盤，買單就從四面八方湧進，數量多達二千萬股。
後半場（下午盤），住友礦山因買單過多而停止交易。
由於買氣太過旺盛，東京證券交易所請住友金屬礦山公司的近藤皓二常務，
於下午一點，召開記者會。
到目前為止……
敝公司完成了十四次鑽孔工程，這十四次鑽孔全都鑽到金礦脈。
品質最好的礦石每噸含有六五〇・二公克的金，品質較差的礦石也含有十二・九公克的金。

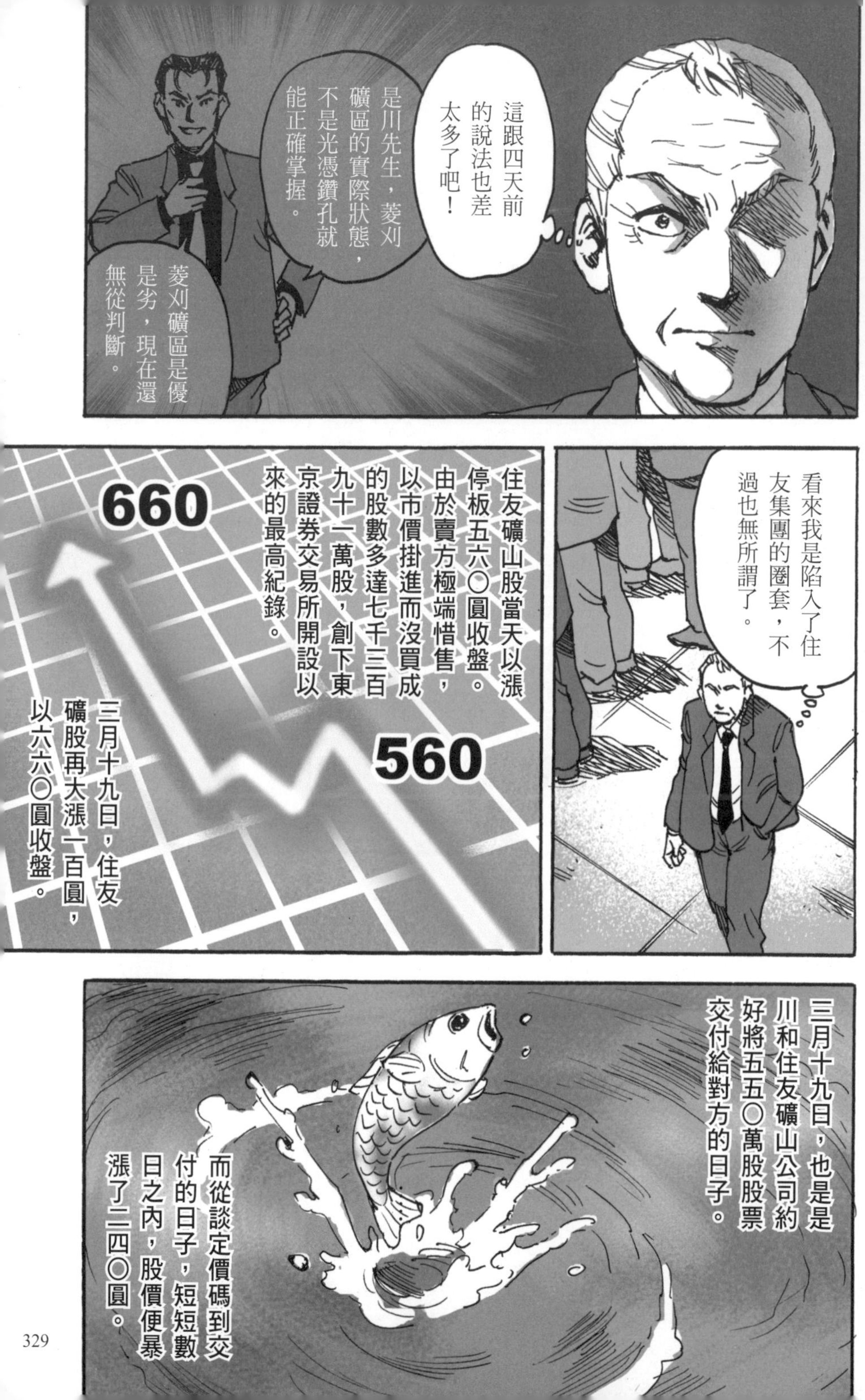
這跟四天前的說法也差太多了吧！
是川先生，菱刈礦區的實際狀態，不是光憑鑽孔就能正確掌握。
菱刈礦區是優是劣，現在還無從判斷。
看來我是陷入了住友集團的圈套，不過也無所謂了。
住友礦山股當天以漲停板五六〇圓收盤。由於賣方極端惜售，以市價掛進而沒買成的股數多達七千三百九十一萬股，創下東京證券交易所開設以來的最高紀錄。
660
560
三月十九日，住友礦股再大漲一百圓，以六六〇圓收盤。
三月十九日，也是是川和住友礦山公司約好將五五〇萬股股票交付給對方的日子。
而從談定價碼到交付的日子，短短數日之內，股價便暴漲了二四〇圓。

雖然和住友礦山公司只是口頭約定，但是川心裡絲毫沒有想要毀約之意。住友礦山怕是川不履行約定，一天連打了數通電話來，要求履行約定。
放心！
真的？
大丈夫一言既出，駟馬難追。
最後依約定完成了股票交易
股市有句名言——
行情達頂峰時，氣勢最強，
在谷底時，氣勢最弱。
住友礦山股現在正以雷霆萬鈞的走勢，日日狂飆。
2000
市場原先看好目標價一千圓，一下子改成看好二千圓。
1000
這一次，絕對不能和做同和礦業股時一樣，被貪欲衝昏了頭而慘遭失敗。
冷靜，冷靜，這次絕對要冷靜。

三月三十一日，住友金屬礦山股大漲五一圓，終於突破一千圓大關，以一〇四〇圓收盤。是川見時機已到，便開始賣出持股。
突破一千圓以後，市場人氣有增無減，股價繼續盤高。是川每天數百萬股地釋出，也如石沉大海，沒有任何影響。
十天之內，是川釋出了一千五百萬股。在往後的十天，他將剩餘的股票全部順利出清，價格都在一千圓以上。
一九八三年五月二日——
當日晚報的頭條新聞不約而同的刊載著……
你看！
好厲害啊。
日本第一？

85歳、店頭通い健康法
所得日本一
是銀さん
〝八転十起〟株の世界
「誠備」を向こうに大勝利

過去的高所得榜首，都是像大正製藥的上原正吉、松下電器的松下幸之助等大企業家。是川銀藏登上個人所得最高的消息刊出後，也撼動了日本社會各個階層。

哇！所得日本第一呢！
他是誰啊？好像是靠做股票大賺的……
所得日本一
是銀さん

原來大家爭相看報紙是因為這個消息啊。
只憑個人的力量就打敗那些大企業家。
應該稱呼他為——
是川銀藏於一九八二年所申報的所得額為二十八億九千萬圓。絕大部分是來自於賣掉住友金屬礦山股票之利潤。
股市之神！

躍居日本最高所得者，你最想感謝誰？
是川先生，您現在的心情如何，能不能跟我們分享一下？
你為何能準確判斷那裡一定有條大金礦脈呢？
不好意思，老爺和太太出去泡溫泉了。
知道傳播媒體一定會爭相前來採訪，
是川前一天便和妻子去溫泉地隱遁。
如果是法人機構或集團，或許有可能在股市賺這麼多錢，
以個人之力而能做到如此，可說是空前絕後的投資大師。
八十五歲的老人，憑著頭腦與膽魄，創造了二百億圓的資產。
這不啻給退休者們帶來了一線希望。

壽美，去吃飯吧。
好啊！
是川先生有行動力、有說服力，
是前所未見的投資大師！
是川終於在最後打了個漂亮的戰役！
怎麼了嗎？
沒事。
而他的大名也成為巷議街談的絕佳話題。
很多周遭的人都會問他──
當時住友金屬礦山公司不是還在懷疑菱刈是否真有大金脈嗎？
你怎麼能料準確有大金脈？
每個人終其一生，

都會遇到二、三次的大好機會，
能否及時把握這個千載難逢的良機，就得靠平常的努力與身心的磨練。
理論與實踐的合一，再加上日夜的思考訓練，可以增加成功的機率。
此外，在下重大決斷時，往往需要直覺，這個直覺並非來自天賦，而是來自無數次戰鬥所累積的經驗。

在這一年，是川銀藏的所得名列日本第一。
但是他並沒有成為大富翁……

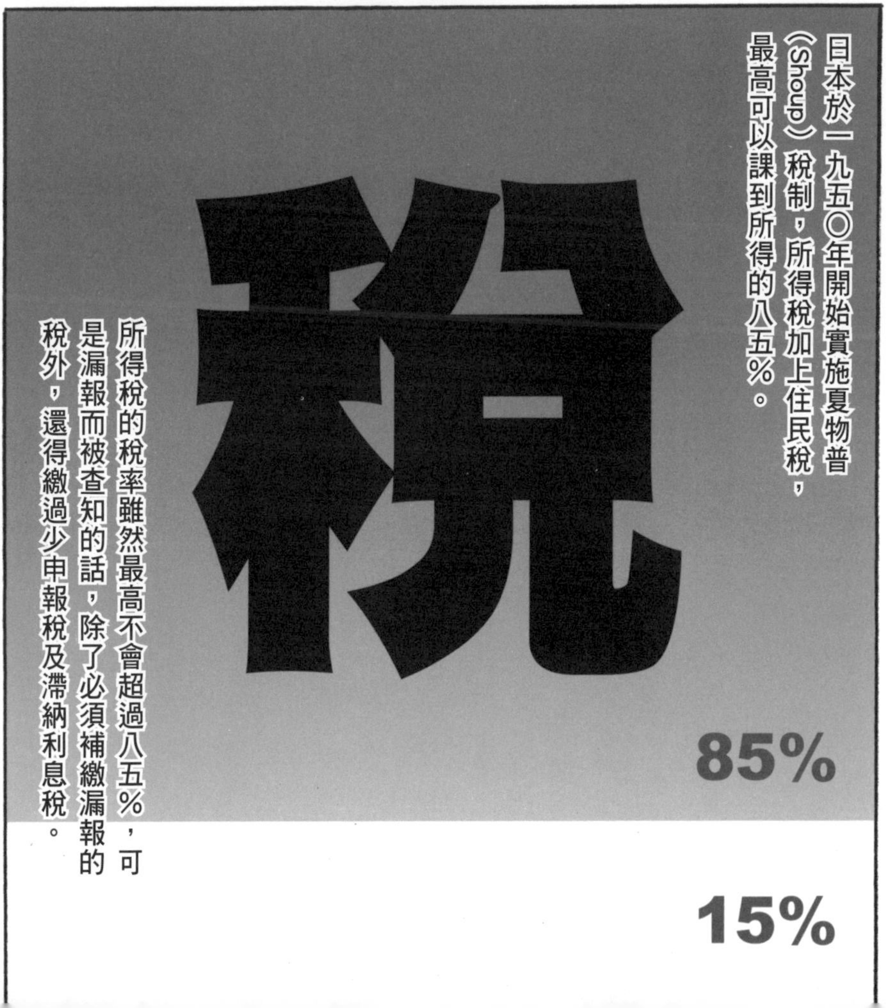
日本於一九五〇年開始實施夏物普（Shoup）稅制，所得稅加上住民稅，最高可以課到所得的八五%。
稅
85%
15%
所得稅的稅率雖然最高不會超過八五%，可是漏報而被查知的話，除了必須補繳漏報的稅外，還得繳過少申報稅及滯納利息稅。

注：在日本，買賣股票的所得，原則上不課稅，但是只要符合下列兩項條件之一，便會成為課稅對象。

● 一年之內，買賣股票的次數超過五十次，且股數在二十萬股以上者。
● 一年之內，買賣同一支股票達二十萬股以上者。

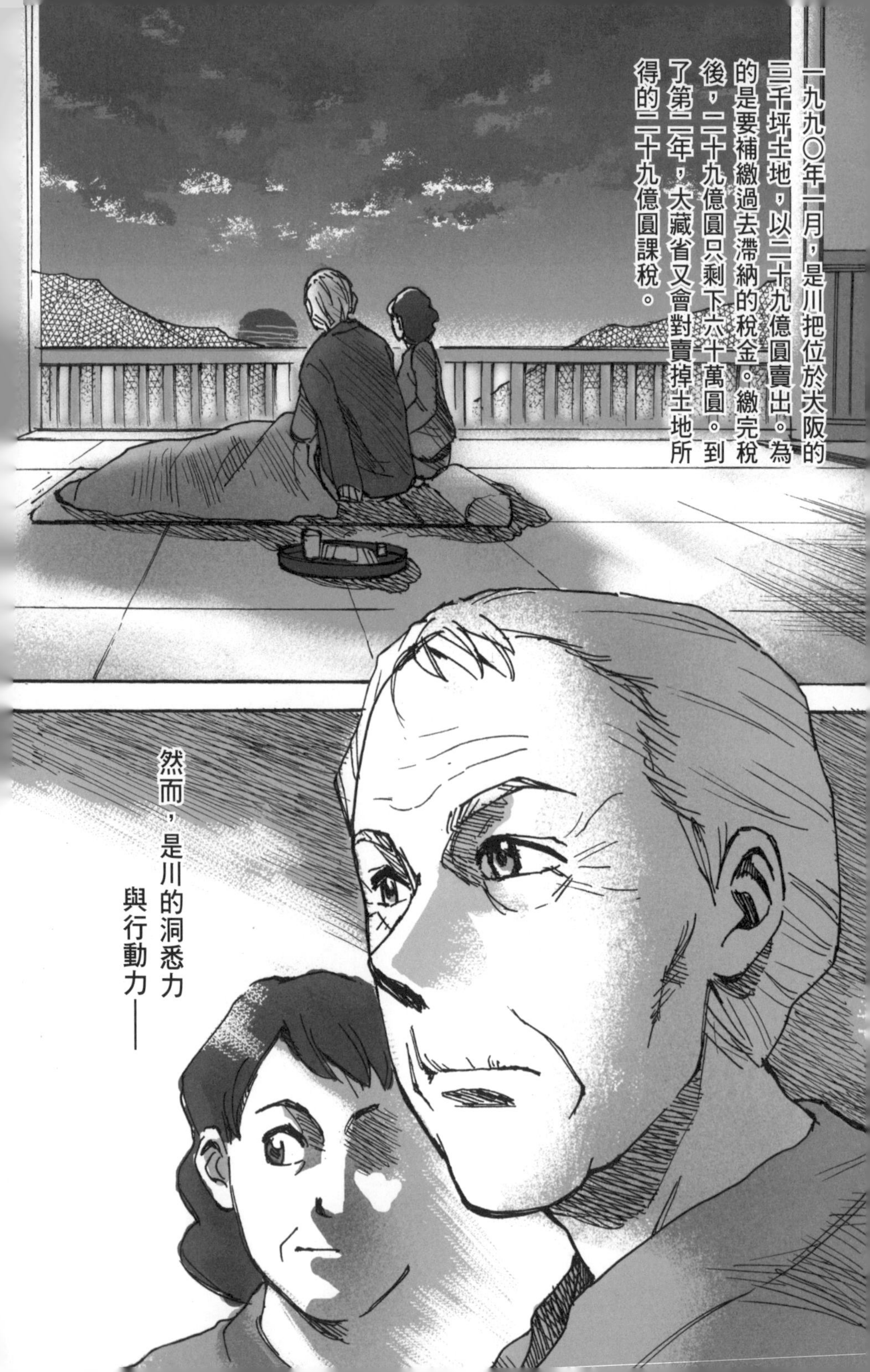
一九九〇年一月，是川把位於大阪的三千坪土地，以二十九億圓賣出。為的是要補繳過去滯納的稅金。繳完稅後，二十九億圓只剩下六十萬圓。到了第二年，大藏省又會對賣掉土地所得的二十九億圓課稅。
然而，是川的洞悉力與行動力——

這就是日本的稅制。正因為這嚴苛的稅制，是川過世時還負債二十四億日圓，令人不勝唏噓。
堂堂正正不賺黑心錢的投資態度，幫助弱勢族群的精神……
好，要征服天下去了！
都足以讓我們尊稱他為
股市之神！

股市之神給投資者的
兩忠告及五原則
第一個忠告：
投資股票必須在自有資金的範圍內進行。
第二個忠告：
不要一看到報章雜誌刊出什麼利多題材，就一頭栽進去。

五原則：

一、選股票不要靠人推薦，要自己下功夫研究再選擇。

二、自己要能預測一、兩年後的經濟變化。

三、每支股票都有其適當價位，股價超越其應有水準時，切忌追高。

四、股價最後還是得由其業績決定，作手硬做的股票千萬碰不得。

五、任何時候都可能發生難以預料的事件，因此必須記住，投資股票永遠有風險。

忠告一：

投資股票必須在自有資金的範圍內進行。

沒有足夠現金也沒關係！
來融資吧，這一檔一定賺！
真的嗎？
絕對沒騙你！
你看這個漲勢！
你可以用一百萬現金買股票後，再用這些股票去抵押，可以再融資一百四十萬。這樣就有兩百四十萬的股票可用，賺翻啦！
是……是嗎？好像不錯。
那我就融資吧。
千萬不可！

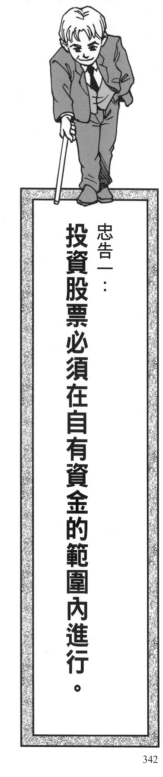

股票投資必須要在自己的能力範圍內投資運用。
融資的風險很可怕，千萬不要被證券公司的花言巧語所誘惑了！
如果股票跌時——
這種時候能夠堅定信念，不殺低的投資人才會賺錢。
股票越買越多，風險也隨之增加。
既然跌了這麼多，與其忍痛殺出，不如加碼買進，降低平均成本。這樣，行情回升後，賺的才更多。
有可能會運氣好而賺一筆，可是人們往往在嘗到勝利的滋味後，就忘了失敗的悲慘。結果不但賠掉本錢，還得向親戚、朋友甚至是高利貸業者借錢。
原來如此，我還是不要融資好了。
這樣才對，股票投資的風險控管可是很重要的。

忠告二：
不要一看到報章雜誌刊出什麼利多題材，
就一頭栽進去。

M股衝上10個月來最高點
你看你看，最近新聞跟報紙都在說這檔股票很賺耶！
真的，之前那個女明星也是靠它賺了不少！
我們也集資去買？
好啊。
千萬不可！
只憑雜誌的報導就想賺錢，這樣是不可能成功的。
天下豈有如此方便之事？
嗯……可是……

我們這種上班族根本不懂股票投資啊。
都是數字，完全看不懂。
股票投資確實需要下功夫，但也不會太難入門啦。
我也是從一般的經濟新聞報紙等訊息來做研判啊。
咦？真的嗎？
想在股市賺錢的話，就得注意經濟的動向，國內經濟、世界經濟，要每天不間斷地注意。再仔細比較各家上市公司的財務狀況、獲利能力等，從裡面挑選你認為最好的公司投資。
只要擁有一般程度的經濟常識，誰都能辦得到。何況判斷的材料大多出現在每天的報紙上，極為方便。
原來如此……
2% target.
interest payments – rose to 5.1% from 4.8%.
pressure on the Bank of England to
target for 14 months.
想要賺錢，還是得付出一定程度的努力。加油吧！
天下果然沒有白吃的午餐啊！謝謝是川老師的教誨。

投資原則一：
選股票不要靠人推薦，要自己下功夫研究再選擇。
理財專員甲
現在電子股正熱呢！
理財專員乙
這支汽車股比較好啦！
你應該會選這支電子股對吧？
還是選這支汽車股吧？
是川老師說過……
選股票要自己下功夫研究再選擇。
嗯，最近代工型的電子股本益比越降越低……
歐洲股市下跌，擔憂中國……
對汽車製造有衝擊……
我決定要買這支傳產股，謝謝。
還是要自己研究才保險。

投資原則二：

自己要能預測一、兩年後的經濟變化。

美金最近持續走弱，如果等到總統大選……
大陸產權意識逐漸抬頭，近兩年內……
你在分析什麼呀，一直碎碎念的。
是川老師說，要能自己預測一、兩年後的經濟變化。
幹嘛這麼麻煩？
我的黃金擺著，就是會一直漲個不停啊！
兩年後——
啊啊！黃金怎麼會狂跌了呢？
凡事沒有永恆，做功課還是有必要的啦！

投資原則三：

每支股票都有其適當價位，股價超越其應有水準時，切忌追高。

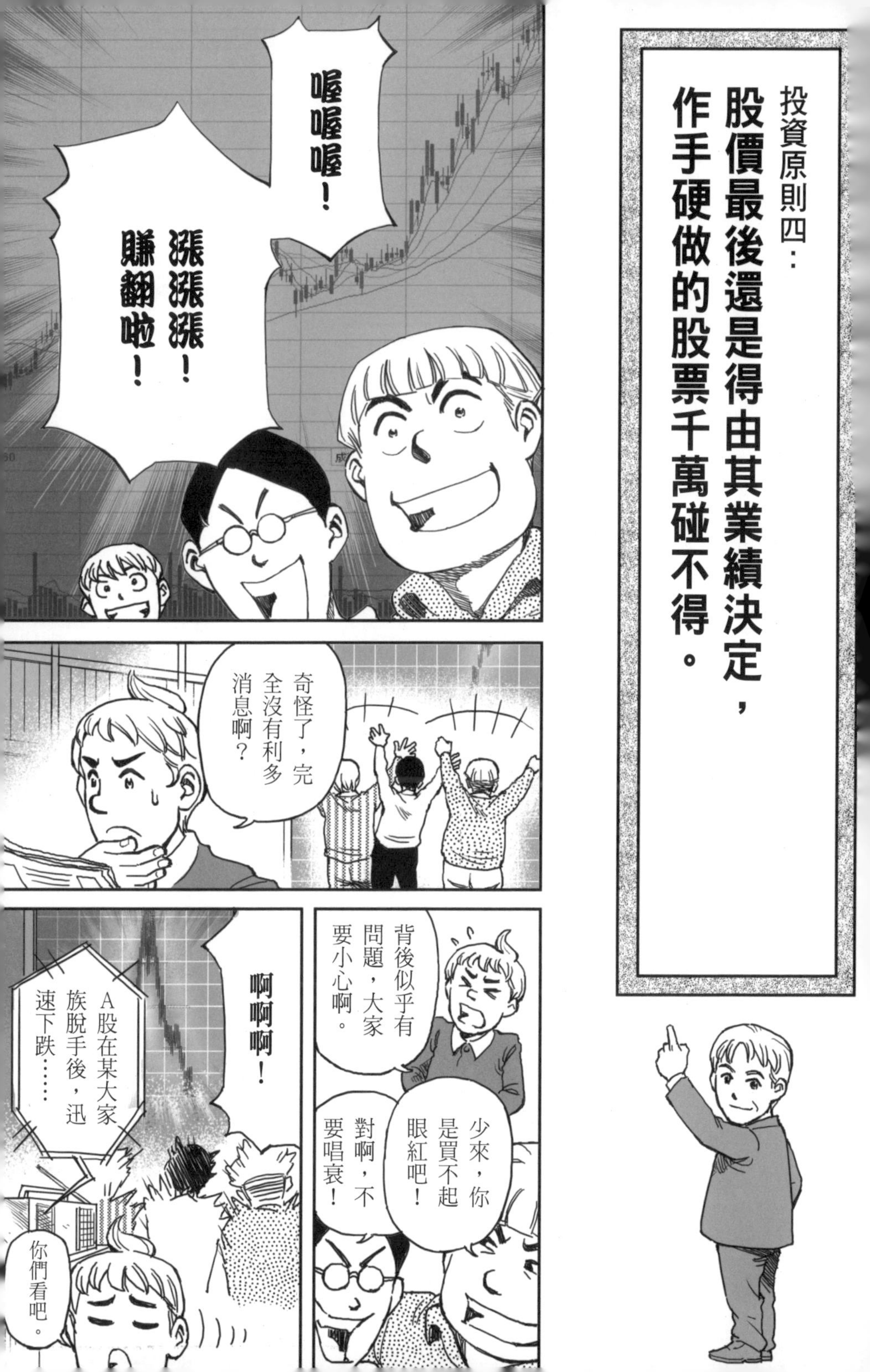
投資原則四：
股價最後還是得由其業績決定，作手硬做的股票千萬碰不得。
喔喔喔！
漲漲漲！賺翻啦！
奇怪了，完全沒有利多消息啊？
背後似乎有問題，大家要小心啊。
少來，你是買不起眼紅吧！
對啊，不要唱衰！
啊啊啊！
A股在某大家族脫手後，迅速下跌……
你們看吧。

投資原則五：

任何時候都可能發生難以預料的事件，因此必須記住，投資股票永遠有風險。

嗯嗯，數據ＯＫ。
走勢也完全如預期。
看來可以安心去睡了。
等這次的Ｍ股脫手後。
我就可以實現買屋的夢想了。
Ｍ公司廠房發生火災，導致其股價大跌……
啊！這實在是意想不到啊！
正所謂——天有不測風雲！

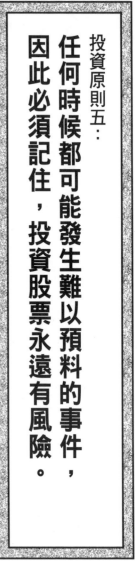

以上僅以兩忠告與投資五原則
與各位投資人分享。
股市如戰場
投資人須謹慎再謹慎，
謹祝福各位一切順利！

漫畫 股市之神 是川銀藏

從 70 日圓到 200 億資產，日本最後的交易大師

作　　者　是川銀藏
漫　　畫　伊東誠
作畫協力　張季雅
資料協力　盧紀君、賴國峰
主　　編　溫芳蘭
　　　　　郭峰吾（四版）

總 編 輯　李映慧
執 行 長　陳旭華（steve@bookrep.com.tw）

出　　版　大牌出版／遠足文化事業股份有限公司
發　　行　遠足文化事業股份有限公司（讀書共和國出版集團）
地　　址　23141 新北市新店區民權路 108-2 號 9 樓
電　　話　+886-2-2218-1417
郵撥帳號　19504465 遠足文化事業股份有限公司

封面設計　萬勝安
排　　版　藍天圖物宣字社
印　　製　中原造像股份有限公司
法律顧問　華洋法律事務所 蘇文生律師

定　　價　380 元
初　　版　2010 年 10 月
五　　版　2024 年 10 月

電子書 E-ISBN
978-626-7491-75-1（EPUB）
978-626-7491-74-4（PDF）

國家圖書館出版品預行編目（CIP）資料

漫畫股市之神是川銀藏：從 70 日圓到 200 億資產，日本最後的交易大師 / 是川銀藏原著；伊東誠漫畫 . -- 五版 . -- 新北市：大牌出版 , 遠足文化事業股份有限公司 , 2024.10
　面；　公分
ISBN 978-626-7491-78-2（平裝）
1. CST：是川銀藏　2. CST：傳記　3. CST：漫畫

783.18　　　　113012433